인격
격
살
인

인격 살인

지은이 박중현
펴낸이 임상진
펴낸곳 (주)넥서스

초판 1쇄 발행 2022년 4월 10일
초판 2쇄 발행 2022년 4월 15일

출판신고 1992년 4월 3일 제311-2002-2호
10880 경기도 파주시 지목로 5 (신촌동)
Tel (02)330-5500 Fax (02)330-5555

ISBN 979-11-6683-236-9 03300

www.nexusbook.com

인격 살인

사이버 범죄 전담 형사의

리얼 범죄 추적기

박중현 지음

CHARACTER ASSASSINATION

CYBER CRIME

지식의숲

디지털 성범죄 심층 취재 기자 '추적단불꽃'으로 활동했던 2년간 셀 수 없이 많은 경찰을 만났다. 'n번방' 사건을 처음 신고한 자리에서 만났던 강원경찰청 수사관들을 시작으로, 각종 취재를 위해 만난 수사관들과 고위 인사는 물론, 경찰 대학의 교수와 실무자 등 족히 백 명은 넘을 테다. 감히 예상하건데, 그간 만났던 경찰들도 저자의 용감함을 높이 살 것이다. 어떤 수사관이 이렇게나 허심탄회하게 '수사 노트'를 공개할 수 있단 말인가!

특히 디지털 성범죄 피해자에게 피해 사실을 알리기 전, "이런 일은 좀처럼 익숙해지지 않는다"는 저자의 고백은 귀하다. 이 사실이 동료에게는 위안이 되고, 나아가 수사 환경을 개선하는 데 보탬이 될 수도 있지 않을까?

읽으면서 가장 좋았던 건 어떻게든 사건을 책임지려 애쓰는 '수사관의 마음'이 소개하는 사건마다 느껴진 점이다. 솔직해서 용감한 저자는 그간 봐온 경찰보다는 가까운, 용감한 시민으로 내게 기억될 것이다.

_ 단, 전 추적단불꽃

누적된 수사보고서 앞에서

사이버 범죄가 끝없이 발생하고 있다.

'참여와 공유' 철학으로 시작된 4차 산업 혁명은 결국 IT 기업들의 세력 확장과 국내외 플랫폼 기업들의 성장을 가져 왔다. 그리고 이 성장을 등에 업고 사기꾼들도 본격적으로 오 프라인에서 온라인으로의 대 망명이 시작되었다. 가로챈 돈 을 유통하는 데 필요한 혈관과도 같은 대포통장과 대포폰은 구인·구직 플랫폼을 활용해 명의자들을 모집하고 신분 세 탁은 VPN(Virtual Proxy Network: 가상 사설망)과 텔레그램 (Telegram)과 같은 해외 보안 메신저로 갈아타기 시작했다. 사이버 범죄자들에게도 세력 확장의 기회가 찾아온 것이다. 자기 나이보다 많은 전과를 가지고 있던 피의자는 이런 도구 들을 활용해 직거래 플랫폼에서 3자사기와 3각사기로 중고거래 사기의 신, 소위 '중신'으로 성장해 있었다.

전국의 전담 수사팀과 지자체에서 운영 중인 피해자 지원 센터가 24시간 모니터링을 하면서 대응하고 있지만 클라우드 서비스를 통해 유포되는 불법촬영물·성착취물의 전파 속도를 따라잡지 못하고 있다. n번방으로 공분을 불러왔던 디지털 성범죄는 악마들의 법정 형량이 결정되면서 관심도 사라져 버렸다. n번방을 세상에 공개한 '추적단불꽃'은 가해자가 아닌 피해자를 위한 제도에 관심을 가져야 한다는 메시지를 쏘아 올렸지만 그들은 이미 기억 속에서 사라져 버렸다. 디지털 성범죄는 국민들의 무관심을 먹고 자라왔다. n번방이 시작된 텔레그램에서 디스코드(Discord)로 유통망이 옮겨졌을 뿐 아직도 살아 숨 쉬고 있다. 그리고 이미 다크웹(Dark Web)으로의 이동이 시작되었다.

불법 도박 사이트 운영이 신흥 직업군으로 떠오르면서 성인 웹툰과 음란물 유통 시장이 전격적으로 업무 협약을 체결해 도박 사이트 업계의 넷플릭스가 등장하고 있다. 문제는 인터넷 도박 사이트 운영자 간 고객 확보 전쟁이 치열해지면서 청소년 도박 중독자가 늘어나고 있다는 점이다.

국내 한 시골 공장에서 생산되는 간장이 필리핀에 없어서 못 팔 정도로 K-컬처는 전 세계에 통하는 브랜드가 되었다. 글로벌 오픈 마켓이 이메일 하나로 연결되면서 이들을 중간에서 공격하는 해커 집단들이 새로운 사이버 범죄의 최상위 포식자로 등장했다. 보이스 피싱 문자 메시지의 상징격인 '김미영 팀장'은 국내 최대 보이스 피싱 조직 중 하나였다. 이 조직이 국내 피해자들로부터 수백억 원대의 돈을 가로챌 수 있었던 것은 시중 금리보다 저렴한 이율로 대출을 해주는 가상의 은행에서 근무하는 김미영 팀장과 그를 믿었던 피해자들, 무작위로 발송하는 문자 메시지라는 공격도구 그리고 중국, 베트남, 필리핀에 거점을 두고 역할을 분담하는 추종 세력들이 있었기 때문이다. 이들은 모두 소탕되었지만 기업의 이메일을 해킹하는 공격자들은 김미영 팀장과는 엄연히 다르다. 모두 외국인이다. 이들 조직은 나이지리아 419 스캠(Nigerian Letter or "419" Scam)에 뿌리를 두고 이메일을 이용해 무대를 확장해 나가고 있다. 이들은 중간자 공격(Man In The Middle Attack)이라는 방법으로 국내외 기업들의 이메일을 해킹해 오랜 기간 들여다보다가 돈을 가로채고 있었다.

국내외 사기꾼들이 인터넷 공간으로 집결하고 있다. 그들의 국적은 중요하지 않다. 이미 이들은 4차산업혁명과 플랫폼 기업의 성장으로 구축된 초 연결 시대 '하이퍼커넥트' 세상에서 신속하게 치고 빠지는 기술을 터득하고 있다. 이제 사기꾼도 사이버 범죄 세계에서 성공하기 위해서 기술을 습득하는 시대다. 마치 리모컨이나 계산기의 사용하지 않는 부분을 이리저리 잘 활용하는 것처럼 잔기술을 사기에 응용하기 시작해 우회(Bypass)라는 변종 수법까지 터득해 철저하게 자신의 신분을 익명화할 줄 안다.

사기꾼들에게 인터넷 공간은 일종의 게임에서 이길 수 있는 공식을 만들어내기 위해 매순간 새로운 집단 지성을 개발해 공유하는 곳이다.

이러한 일련의 사건들을 혼자서 처리해 나갔다. 경찰서 근무 시절 사이버 범죄 수사팀도 없이 남의 사무실 한 편에서 혼자서 사건을 배당받았고 지방청에 오더라도 결국 사건은 담당자 혼자서 처리해야만 했다. 사건이 배당되면 어떻게 풀어나갈지 밑그림을 사전에 그려본다. 그리고 언제까지 처리할 수 있을지 대략의 견적을 낸다.

피고소인(피진정인) 인적사항: 성명불상
고소 죄명: 사기(컴퓨터 등 사용 사기)

이렇게 배당된 단 몇 장의 고소장과 진정서로 하나의 사건은 시작된다. 사이버 범죄 사기 사건은 대부분 피고소인(피진정인)이 '성명불상'이기에 이름과 인적 사항이 특정되지 않은 상태에서 수사를 시작한다. 기술을 이용해 자신의 존재를 드러내지 않기에 누구인지 특정해 나가는 수사보고서가 다른 사건에 비해 압도적으로 많은 편이다. 피해자가 송금한 계좌를 시작으로 역으로 추적해 나가고, 채팅을 나눌 당시 접속한 네트워크 주소를 바탕으로 역으로 추적하는 과정이 고스란히 수사보고서로 기록된다. 신고 접수부터 역추적 과정을 거쳐 피의자 특정 후 체포와 구속까지 세세히 기록해 두어야만 하기에 사건 처리 후 넘겨보는 수사보고서는 오랜 기간이 지나도 사건 담당자의 머릿속에 보관되어 있는 냉장고와도 같다. 나는 이 수사보고서를 작성할 때 담아두었던 생각과 피의자들이 체포된 후 잠복 차량 맨 뒷좌석 '진실의 방'에서 자백했던 내용들을 적어보기로 했다. 사실 경찰은 드러내서는 안 될 것이 너무 많다. 그중 수사 기법은 절대 노출되어서는 안 될 중요한 영업 비밀이지만 선량한 시민들은 영업 비밀보다 예방법을 더 알고 싶어 했다. 처리한 사건만큼 누적된 수사보고서를 보며 왜 사이버 범죄에 예방이 필수인지를 알리고 싶어 이 글을 쓰게 되었다.

30대와 40대를 사이버 범죄 피해자, 피의자들과 함께 보내면서 견디기 힘든 트라우마도 생겼다. 경제범죄수사팀 근무 당시 자신의 말을 들어주지 않는다며 집에서 목을 매 자살한 고소인은 나에게 첫 번째 트라우마를 남겼다.

"형사님이 제 사건 처리해 주면 안 되나요?"

한 피해자가 세상을 등지기 전 사무실 문을 열고 나가면서 마지막으로 나에게 던진 이 말은 그 후 사무실을 찾아오는 다른 민원인들에게 들을 때마다 트라우마가 되어 나를 괴롭혔다. 그래서 경제팀을 떠나 안착한 곳이 사이버 범죄 수사팀이었다. 하지만 여기서 또 다른 트라우마가 생겼다. 그토록 피하고 싶었던 청소년 디지털 성범죄 사건은 예고 없이 찾아왔고, 피해자와 가족들이 느꼈던 두려움과 공포를 고스란히 목격하면서 견디기 힘든 트라우마가 되었다. 더 이상 도망갈 곳은 없었다. 담당자라는 이유만으로 피해자와 가족들이 상처 입거나 자살하면 모든 책임을 혼자 뒤집어써야만 했다. 그래도 물러서지 않고 피해자들과 함께 맞서 싸웠던 시간은 두려움을 떨칠 수 있는 계기가 되었다. 하지만 2018년 12월, 다시 찾아온 견딜 수 없는 고통은 나에게 평생 잊을 수 없는 트라우마를 남겼다. 취업 사기를 당한 것도 모자라 대포통장 명의자로 연루된 그녀는 나를 만난 다음날 집에서 투신해 아까운 목숨을 버렸다. 모든 게 내 잘못 같았다. 남겨진 고통은 온전히 피해자 몫이었다. 사이버 범죄는 피해자들과 남은 사람들의 인격마저 죽이는 살인자였다. 살기 위해 2019년 수사를 중단하고 사이버 범죄 예방 교육에 뛰어들었다. 남은 사람들에게 예방이 중요하다, 라는 메시지를 알려줄 누군가가 필요하다고 생각했다. 앞으로 목격하게 될 이야기는 컴퓨터 비전공자가 혼자서 배당받은 사건을 풀어가면서 발견한, 숨은 속성값을 찾아가는 과정이다. 이 모든 사이버 범죄는 무관심 속에서 성장해왔다. 하지만 사이버 범죄는 인터넷이라는 기술이 집약된 공간에서 이루어지기 때문에 분산된 대응이 이곳으로 모인다면 밝고 깨끗한 인터넷 세상이 어쩌면 절대 불가능하지는 않을 것이다.

박중현

차례

1장 | 디지털 성범죄
비틀린 사이버 자아(自我)

3장 | 해킹

진화하는 1.5%의 사이버 범죄

4장 | 생활 밀착형 사이버 범죄
마음을 노리는 범죄

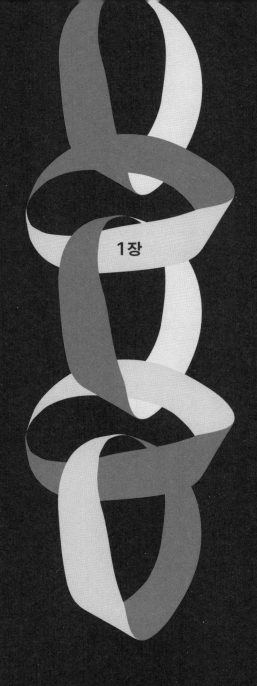

1장

디지털 성범죄

비틀린 사이버 자아自我

예상했었다. 디지털 성범죄가 사라지지 않을 것임을.

지난 2020년 '추적단 불꽃'의 제보로 세상에 알려진 이른바 'n번 방 사건'은 온라인이 얼마나 처참한 인권유린의 장이 될 수 있는지 를 보여주었다. 들끓는 여론에 '박사방' 운영자인 조주빈은 45년 형을 받았지만, 다른 가해자들은 그들이 저지른 죄에 비해 가벼운 벌을 받았다. 하지만 더 안타까운 것은 나의 예상대로 n번방 사건 에서 끝나지 않았다는 점이다.

가해자들은 진화하면서 끊임없이 증식되고 있다. 불법 촬영 영상 유포의 시작은 토렌트(torrent)와 같은 P2P(Peer-to-Peer) 사이트 였지만, 점차 다양하고 광범위하게 유통망이 형성되고 있다. 영상 제작자들은 랜덤 채팅에서 피해자들을 기다렸다가 낚아챘다. 전 과도 없던 그들의 사이버 자아는 포식자였던 것이다. 이들이 활개 칠 수 있는 플랫폼은 지금도 새롭게 제공되고 있다. 지속적으로 관 심을 가져야만 한다. 그렇지 않으면, 포식자의 다음 타깃은 당신과 당신의 자녀가 될지도 모른다.

익명의 포식자와 청소년 희생자

남자친구는 아동·청소년 성착취물 제작자입니다

심야 여중생 실종 신고 접수

야간 당직 근무를 하던 어느 날, 여중생 실종 신고가 들어왔다. 밤 10시가 넘은 시각이었다. 신고자는 서울에 사는 대학생이었고, 실종자의 남자친구라고 했다. 실종자의 주소지가 연천이라 서울청에서 연천으로 이송된 것이었다.

미성년자 실종 신고는 단순 가출로 의심된다고 하더라도 먼저 현장 도착 후 사실 관계를 파악해야 한다. 당직 중인 형사팀 직원들과 함께 실종자의 집으로 출동했다. 우리가 도착했을 때 실종됐다던 여학생은 가족과 함께였다. 학교에서 돌아와 줄곧 집에 있었다는 것이다. 그런데 실종신고라니. 신고자와 어떤 관계인지 확인이 필요해보였지만 연천 시내에서 야간 주점을 운영하던 여중생의 어머니는 이런 일이 처음이 아닌 듯 계속 괜찮다고만 했다. 그때 수상한 점이 눈에 들어왔다. 여중생의 오른팔에 둘러진 수건이었다. 수건을 치워 확인해보니 손목에 칼로 그은 듯한 자해 흔적이 많이 보였다. 깊은 상처는 아니었지만 금방 피가 말라붙은 걸로 봐서 이것이 실종 신고의 발단이 된 것 같았다. 하지만 손목에 난 상처에 의문을 갖는 사람은 아무도 없었다. 여기서 더 관여하면 악성 민원인으로 돌변할 수 있기도 하거니와 무엇보다 영장청구권은 검사에게만 있으므로 지금 상황에서 할 수 있는 일은 없었다.

사건을 처리할 때 항상 영장이 기각될지도 모른다는 염려를 놓을 수가 없다. 영장청구권은 검사만 가지고 있고, 검사는 그냥 넘어가는 법이 없기 때문이다. 물론 자료를 미리 잘 갖추면 좋겠지만, 피의자 체포 시간은 임박해 오는데 서류를 준비할 시간이 부족해 '선 체포, 후 자료 보강'을 해야 하는 경우가 생긴다. 하지만 검사는 보강 수사 내용과 함께 신청한 영장을 기각하는 경우가 많다. 그리고 보강 수사의 마지막은 늘 '명백(明白)히 할 것'이다. 이미 명백하게 범죄사실을 적어 두었는데 뭘 더 명백히 하라는 건지. 형사 생활 하면서 검사의 보강 수사 내용만큼 알아듣기 어려운 말도 찾기 힘들다.

그날의 출동에서는 명백한 범죄사실을 찾지 못해 실종 신고는 내사 종결을 했지만, 어쩐지 어두운 표정으로 아무 일 아니라고 말하던 학생의 얼굴이 지워지지 않았다. 그리고 불길한 예감은 적중했다.

● 자살 메시지를 실종 신고로 위장한 남자친구

며칠 뒤 학생의 어머니가 딸의 손을 잡아끌고 다급하게 경찰서로 뛰어 들어왔다. 어머니는 질린 모습이었고 학생은 울고 있었다. 어머니는 자기 딸을 살려달라고 했다. 고통스러웠다. 처음 만난 날 들었던 불길한 예감이 사건이 된 게 분명했다. 직감으로 알 수 있었다. 성(性)과 관련된 문제임을. 그리고 그날 실종 신고를 한 여중생의 남자친구와 관련이 있다는 사실을.

여중생은 남자친구를 랜덤 채팅으로 만났다고 했다. 랜덤 채팅에서 시작된 만남은 오프라인 교제로 이어졌고 둘은 자연스럽게 연인관계가 되었다. 하지만 어느 날 다른 남자와의 카카오톡 대화 내용을 본 남자친구는 폭력적으로 변했고, 자신이 원할 때 만나주지 않으면 인터넷에 영상을 유포하겠다고 협박을 했다. 그가 세상에 태어나지 말았어야 했던 영상물을 갖고 있었기 때문에 여중생은 혼자서 감당할 수 없는 두려움에 수차례 손목에 자해를 한 것이었다. 남자친구는 여중생이 연락을 받지 않을 때마다 경찰에 실종 신고를 하며 놓아주지 않았다. 처음 나와 만났던 날, 그 학생은 내게 살려달라는 신호를 보내고 있었던 것이다.

● 남자친구는 아동·청소년 성착취물 제작자

내가 만만한가 보네. 내가 하라는 대로만 해. 뒤지기 싫으면. 쳐울지 마. 시발, 오늘 일은 지금까지 뒤통수 치고 배신한 대가야. 그걸로 퉁 쳐줄게. 인생 끝나는 거 한방이야. 유포하는 게 심각한 거라 참고 또 참았는데, 핵폭탄은 떨어지면 그 순간 끝나. 어떻게든 조진다.

스마트폰에 저장되어 있던 협박 음성 파일을 듣고 피해자는 아마도 벼랑 끝에 서 있는 심정이었을 것이다. 미성년자인 피해자가 영상 촬영에 동의를 했는지 안 했는지는 중요하지 않다. 존재해서도 안 되는 그 영상에 대한 모든 책임은 남자친구에게 있다. 그러나 피해자는 남자친구의 집에 몇 번 놀러가긴 했지만 주소도 기억하지 못했고, 심지어 그의 이름도 실명인지 아닌지 확실하지 않다고 했다. 그렇지만 대포폰이 아니라면 체포영장을 신청하는 데 큰 어려움은 없어보였다.

다가오는 토요일에 만나주지 않으면 영상을 유포해버리

겠다고 협박했기 때문에 체포 전에 서류를 준비할 시간이 촉박했다. 전화번호 명의자를 특정해 사진을 출력해 보여주니 다행히 동일 인물이라고 했다. 이제 그는 피해자의 남자친구가 아닌 '아동·청소년 성착취물 제작 및 협박 피의자'로 신분이 전환되었다. 이 모든 사건의 책임은 피의자에게 있다. 모든 통화녹음 파일을 녹취록으로 만들고, 협박 문자 내용을 출력해 기록물로 만들었다. '피의자가 사용하는 휴대전화 실시간 위치를 확인하기 위한 허가서와 체포영장을 법원에 신청해달라'고 의정부 지검 사건과로 달려가 접수했다. 실시간 위치 확인을 위한 허가서, 체포영장, 압수수색검증영장이 한 세트로 발부되어야 체포 작업이 수월한데 피의자의 집을 특정하지 못해 압수수색영장은 신청하지 못했다. 하는 수 없이 약속 장소에서 피의자를 체포한 후, 영장 없이 영상이 담긴 자료를 압수해 검사에게 승인을 받는 계획을 세웠다.

> 피의자에게 전화로 자진 출석을 요구하면 배신감에 사로잡혀 불특정 다수에게 영상을 유포하고 도주해 버리거나 자살할 가능성 또한 농후하기에 반드시 체포영장으로 피의자의 신병을 확보하고자 함.

체포영장 신청 시, 사건 담당자가 작성하는 '필요적 고려 사유'라는 항목이 있다. 이 항목은 쉽게 말해 검사와 판사에게 영장을 발부해야만 하는 이유를 설명하는 것이다. 체포영장과 구속영장을 청구할 때 '농후(濃厚)하다'라는 표현을 자주 쓴다. 선배에게 배운 일종의 노하우인데 이 단어가 들어가면 왠지 수사보고서가 한 단계 업그레이드되는 것 같다.

읽고만 있어도 식겁할 정도의 수사보고서로 가득한 기록을 검찰에 접수한 지 이틀 만에 영장이 발부되었다. 서류 작업에 매달려야 했던 며칠 동안 피해자도 어머니도 악몽 같은 하루하루를 잘 견뎌주었다. 피의자와 만나기 전날 학생과 어머니를 사무실로 불러 체포 당일의 이동 동선과 주의 사항을 되새기며 서로 합을 맞췄다. 피해자 케어부터 서류 접수까지 사건 담당자라는 이유만으로 감내해야 하는 수사 시스템이 버거웠지만, 예상하지 못한 변수가 생기지 않기를 바라며 리허설을 반복했다.

● 피의자 체포 당일

약속 시간보다 2시간 먼저 도착해 만나기로 예정되어 있는 제기동 지하철역 1번 출구 주변 동선을 확인하고 잠복을 시작했다. 피의자를 검거하러 나갈 때는 체포할 피의자 수보다 형사의 수가 최소 한 명은 더 많아야 한다. 이번에는 도심 한가운데서 체포를 해야 하니 최악의 상황을 대비해 형사 당직팀 송 형사와 지능범죄 수사팀 김 형사가 함께했다.

약속 장소에 나타날 피해자와 어머니, 거리의 수많은 사람들, 그밖에 체포 시에 일어나는 일 모두가 변수다. 수많은 변수 중 하나라도 계산된 상황을 벗어나면 피해자는 자극적인 제목과 함께 각종 커뮤니티에 실시간 검색어 1위에 오르게 될지도 모른다.

약속 시간이 다가오자 학생으로부터 제기동에 도착했다는 문자가 왔다. 피의자에게 도착했다는 문자를 보내도록 하고 잠복 중인 송 형사와 김 형사에게 체포가 임박했다는 신호를 보냈다. 피의자의 얼굴을 떠올리며 지나가는 사람들을 스캔하듯 살폈다. 그때 한 사람이 눈에 들어왔다. 야구 점퍼를 입고 있는 남자였는데, 생각보다 체격이 왜소했지만 분명 사진 속 얼굴과 일치했다. 하지만 만에 하나, 다른 사람을 체포하게 되면 모든 게 끝이기 때문에 일단 지하철역까지 따라갔다.

피의자가 휴대폰을 꺼내 전화를 거는 모습이 보였다. 학생과 어머니는 피의자에게 도착했다는 문자만 보내기로 합을 맞췄기 때문에 전화가 걸려오면 대응을 못 할 수도 있었다. 순간적인 판단으로 김 형사와 함께 달려가 뒤에서 피의자를 덮쳤다. 취미로 주짓수를 배웠던 김 형사는 자연스럽게 피의자의 목을 뒤에서 감으며 휴대폰을 빼앗았다.

피의자는 놀랐는지 순순히 묻는 말에 답했다. 그러나 곧 자신의 목을 감싼 김 형사의 손을 뿌리치려고 저항했다. 지하철역 앞에서 10여 분간 격투를 벌인 후에야 체포할 수 있었다. 피의자들이 체포 순간에 초인적인 힘을 쏟아내는 경우가 있는데, 이때 체포영장은 초인적인 에너지를 봉인해 버리는 뛰어난 효과가 있다. 몸싸움에 가빠진 호흡을 가다듬고 피해자의 어머니에게 전화를 걸었다.

"체포했습니다. 이제 집으로 돌아가셔도 됩니다."

사실 체포 과정보다 피해자와 가족들의 안전이 더 큰 걱정이었다. 검찰에 접수할 서류를 만드는 데만 집중해도 부족한 시간이었지만, 피의자가 영상을 유포한 건 아닌지 매일 모니터링을 했다. 그런 일이 일어나면 피해자가 극단적인 선택을 할 수도 있어 나 또한 하루하루를 불안으로 보냈다. 때문에 피의자를 체포했다는 말에 밝은 목소리로 대답하는 피해자의 목소리가 위안이 되었다. 하지만 위안도 잠시, 영상 확보라는 중요한 일이 기다리고 있었다.

● 압수수색 현장
본격적인 압수수색을 위해 피의자의 집으로 향했다. 컴퓨터에 띄워져 있던 10개의 팝업창은 영상을 유포하겠다고 지목했던 사이트와 카페에 이미 로그인이 되어 있었다. 첨부파일을 열어보니 피해자의 얼굴과 가슴, 성기가 노출된 영상과 사진이 들어 있었다. 클릭만 하면 유포할 수 있도록 준비된 상태였지만, 피의자는 절대 유포할 생각은 없었다며 비겁하게 변명을 했다. 살면서 죗값을 치르겠다는 피의자. 이 순간을 놓치지 않고 초반에 모든 자백을 이끌어 내면 구속 영장 청구 서류 작업 시간을 조금이라도 줄일 수 있다. 얼른 모든 걸 털어놓을 수 있는 '진실의 방'으로 데려가야 한다.

진실의 방은 잠복 차량 맨 뒷좌석이다. 사람들의 눈을 피해 피의자와 단둘이 이야기를 나눌 수 있는 공간이다. 피의자는 대학생이 된 후 여자친구를 사귀고 싶었지만, 한 번도 교제를 해본 적이 없어 랜덤 채팅에서 만난 학생을 놓치고 싶지 않았다고 했다.

하지만 그의 서사가 어떠하든 상대가 미성년자라는 사실과 불법 영상 촬영, 협박 등의 사실은 변하지 않는다. 또 영상을 촬영하는 과정에 미성년자의 동의가 있었는지 여부는 범죄가 성립하는 데 아무런 영향을 미치지 않는다. 이것이 바로 '아동·청소년 이용 음란물'이라는 용어가 '아동·청소년 성착취물'로 바뀐 이유다. 음란물 이용에서 아동과 청소년의 자발적인 참여 의사가 반영될 수 있다는 해석을 지우고, 철저하게 보호의 대상이 되어야 함을 강조한 것이다.

집에서 발견된 컴퓨터 하드 디스크와 모든 저장장치를 봉

인해 구속영장 청구와 사후 압수수색 승인을 받기 위한 서류 작성을 하려고 사무실로 출발했다. 본격적인 사건의 몸통은, 체포 후부터 시작되는 서류 작업을 완성하느냐 못 하느냐에 달려 있기에 시간을 초 단위로 나눠 써야 한다. 보복 범죄의 우려를 강조해 청구한 영장을 검찰은 기각 없이 다음날 법원에 신청했다.

● 8호 법정, 성착취물 제작자의 종착지

피의자는 포승줄에 감긴 채 구속영장실질심사를 받기 위해 의정부지방법원 8호 법정으로 향했다. 평일의 영장실질심사는 오전 9시 30분부터 시작된다. 사선 변호인을 선임한 경우에는 법정에 도착한 순서에 상관없이 먼저 실질심사를 받을 수 있지만, 국선 변호인의 상담을 받는 경우에는 도착한 순서대로 실질심사를 받게 된다. 국선 변호인과의 면담을 끝내고 8호 법정 대기석에서 순서를 기다렸다가 법정 안으로 들어갔다. 이때 담당자는 맨 뒷좌석에 앉아 혹시 발생할지도 모를 돌발 상황에 대비한다.

판사가 피의자에게 영상을 유포하려고 했는지 물었다. 피의자는 겁만 주려고 했을 뿐 유포할 의도는 없었다고 말했다. 판사는 잠깐 눈을 감고 한숨을 내쉬었다. 그동안 수없이 8호 법정에 왔지만, 저렇게 깊은 고민에 빠진 판사의 모습은 처음

1장 | 디지털 성범죄

보았다. 20여 분 가량 진행된 영장실질심사에서 결국 피의자는 모든 범죄사실을 받아들였다. 그날 늦은 저녁 구속영장이 발부되었다.

사건을 마무리하기까지 2개월이라는 시간이 흘렀다. 체포후 구속영장 청구까지가 촉박한 시간과의 싸움이라면 영장이 발부된 후에는 추가 범죄사실 입증과 영상의 완전한 폐기에 집중해야 한다. 사건 기록과 피의자를 검찰로 송치 후, 학생과 어머니를 다시 사무실에서 만났다. 어둡고 두려움이 가득했던 얼굴은 사라진 채였다.

"저희가 편안히 지낼 수 있도록 애써주셔서 너무 감사드립니다. 평생 잊지 않고 살겠습니다."

이번 사건은 피해자와 가족의 용기로 잘 해결되었지만, 사실 그렇지 못한 결과를 맞는 경우도 많다. 영상이 유포되어 피해자가 극단적인 선택을 하는 경우, 역으로 피의자가 영상 유포 후 목숨을 끊어버려 생존한 피해자가 더 힘들어지는 경우도 있다.

〈인셉션〉의 킥(Kick)* 같은 예방 교육이 필요한 때

최근에는 청소년 성범죄가 오프라인에서 온라인으로까지 확산되어 상황은 더욱 심각해졌다. 트위터, 인스타그램, 페이스북 내의 메시지 기능을 통해, 또 해외 메신저인 디스코드(Discord)를 사용해 범죄와 연결되는 청소년이 많다. 여기에 메가(Mega)와 센드 애니웨어(Send Anywhere)와 같이 접근성이 편리한 클라우드 플랫폼까지 가세하면서 불법 촬영물과 아동·청소년 성착취물의 유통망은 더욱 확대되고 있다.

랜덤 채팅은 불법 촬영물과 아동·청소년 성착취물 제작자들이 익명이라는 마스크를 쓰고 신분을 위장한 채 먹이를 기다리는 포식자들의 소굴이다. 이들이 이용하는 서비스를 관리하는 회사는 사실상 회원들 간 만남의 장소를 제공하면서 입장료를 받고 있는 셈이다.

이젠 정말 예방 교육을 미룰 수 없는 시점이 되었다. 물론 이미 학교나 단체를 다니며 교육을 하고는 있지만 턱없이 부족하다고 생각한다. 교육의 방식도 더욱 강력해져야 한다. 영화 〈인셉션〉의 킥(Kick)과 같이 말이다. 상대의 꿈을 해킹해 기획을 선행 학습시켜 깨어난 후에도 무의식에 의해 결국 현실도 변화하게 만들듯이, 사례를 통해 예방의 중요성을 미리 알게 하면 사건을 줄일 수 있다고 믿는다.

---

* 영화 〈인셉션〉에서 등장인물들이 떨어지는 감각을 이용해 꿈에서 깨어나는 방법

음란물 유포자들과의 100일 전쟁

익명이라는 마스크를 쓴 101명의 포식자들

'웹하드 카르텔 사건'으로 시작된 전쟁

사이버 범죄 수사 업무를 하다 보면 일부 웹하드 업체가 특정 헤비 업로더(Heavy Uploader)*와 유착 관계를 맺고 불법 촬영물과 아동·청소년 성착취물 공급을 방조하고 있음을 알게 된다. '몰카'나 '도촬' 등의 금지어는 원칙적으로 검색이 금

---

* 영리 목적으로 웹하드 업체에 다량의 영상과 파일들을 업로드 하는 사용자를 의미한다. 양진호의 위디스크(Wedisk) 사건으로 웹하드 업체, 헤비 업로더, 불법 검색 목록을 차단하는 일부 필터링 업체와 불법 자료를 삭제하는 디지털 장의사 간 유착 관계가 형성되어 있는 웹하드 카르텔 조직이 세상에 공개되었다.

지되어 있으나 단어의 배열을 달리하거나 초성만 입력해도 관련 영상을 찾을 수 있다. 또한 패치(patch) 파일을 설치하면 금지어 설정을 무력화시키는 기능이 허용되기에 사실상 무용지물이라 할 수 있다.

> 당사는 불법 촬영물에 대한 모니터링을 위해 자체 개발한 프로그램을 사용해 상시 모니터링을 하고 있습니다. 다만 인원 부족 등으로 인해 실시간 적절한 대응을 하고 있지 못하는 점에 대해 이해해 주시기 바랍니다.

웹하드 업체에 공문을 발송해도 돌아오는 대답은 늘 비슷하다. 기술적 한계가 있어 원천적인 차단이 불가능하다는 항변에 힘이 빠진다. 그동안 법원도 기술적 한계 등으로 인해 웹하드 업체에 불법 전송을 전면적으로 차단할 의무를 부과할 수 없다고 판결한 바 있다. 다시 말해 웹하드 업체에서 불법 콘텐츠를 차단하기 위해 '이만큼' 노력했다고 주장하면 법원은 그 의견을 받아준다는 것이다.

상황이 이러하니 방송통신심의위원회(방심위)의 역할이 갈수록 중요해지고 있다. 방심위는 음란물과 불법 도박사이트와 같이 정보보호법에 규정되어 있는 불법 콘텐츠를 제공하는 업체에 삭제·차단·폐쇄를 명령할 수 있는 유일한 기관이기 때문이다. 이전에도 방심위는 불법 콘텐츠에 대한 심의와 인터넷 서비스 제공자에게 제재 조치를 요구하는 역할을 수행해왔지만, 'n번방 사건'을 계기로 더 세분화된 업무 협업이 필요하다는 의견이 나왔다. 그래서 광역시 단위에서는 처음으로 경기도에서 '디지털성범죄피해자원스톱지원센터'가 설립되었다.

또 하나, 'n번방 사건' 외에 우리의 기억 속에서 잊히고 있는 사건이 있다. 바로 '웹하드 카르텔(Web Hard Cartel) 사건'이다. 양진호가 대표로 있던 웹하드 업체 위디스크(Wedisk) 직원 폭행 사건으로 드러난 웹하드 업체와 헤비 업로더, 일부 디지털 장의사 업체*간 유착 관계는 전국의 지방청에 디지털 성범죄 전담팀을 창설하는 계기가 되었다. 그리고 바로 이때 '음란물 유포자 100일 단속'이 본격적으로 시작되었다.

● #일탈

'#(해시태그)'는 원래 컴퓨터 프로그래밍 언어로, 현재는 트위터와 같은 SNS에서 동일 키워드로 포스팅한 게시물을 묶어서 볼 수 있는 기능으로 사용되고 있다. 이제 SNS에서 해시태그는 광고와 검색 노출을 위해서 게시물에 필수적으로 붙여야

---

* 의뢰받은 특정 사진과 동영상 등을 인터넷에서 지워주는 역할을 하는 회사로 검색과 삭제 방법에 대해서는 각 회사들의 영업 비밀이라는 점을 들어 공개된 바 없음.

#일탈#섹트

국내 트위터 사용자들이 포스팅하는 게시물에 '#일탈'이 첨부되는 현황

출처: thevisualized.com

하는 접두사·접미사와 같은 존재가 되었다.

　음란물 유포 집중 단속 기간이 시작되면서 옆 팀 사이버테러수사팀에서 집중 모니터링을 시작했다. 100일 안에 가시적인 성과를 만들어 전국적으로 보도자료를 배포해야 하는데 이미 옆 팀에서는 팀원별로 각자 미션을 수행하고 있었다.

　모든 팀원이 달라붙어도 성과를 내기 어려운 짧은 기간이지만, 테러팀에는 불도저와 같은 추진력을 가진 윤 형사가 있다. 윤 형사를 중심으로 1개월 동안 텀블러(Tumblr)와 트위터(Twitter) 중심으로 불법 촬영물과 아동·청소년 성착취물로 추정되는 게시자 선별 작업에 매달렸다.

　우리 팀은 영국 범죄 수사국 NCA(National Crime Agency

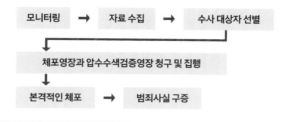

UK)와 미 연방 수사국 FBI로부터 넘겨받은 국내 잠입 중인 해커 조직원 수사를 마무리하는 시점이라 곧바로 음란물 유포 사건에 착수하기가 어려운 상황이었다. 그래서 먼저 테러팀이 돌입해 모니터링 작업을 하고 체포 대상자를 선별하면 모두 체포 작업에 뛰어들기로 계획을 짰다.

트위터에 업로드된 영상 중 불법 촬영물로 의심되는 영상물은 기본적으로 조회 수가 높았다. 한 영상물은 조회 수가 24K로 기록되어 있었다. K는 킬로(Kilo) 즉, 숫자 1,000을 의미하므로 24K는 24,000회 조회되었다는 의미다. 문제는 음란물 포스팅도 표현의 자유라는 범주에 두는 것인지 트위터에서는 아무 조치 없이 게시물을 방치하고 있었다. 거기다 청소년들까지 이런 게시물에 접근할 수 있다는 게 심각한 문제였다. 그리고 특이한 것은 이런 유해 게시물에는 하나같이 동일한 해시태그가 붙어 있었다. 바로 '#일탈'이다.

● 익명에서 체포 명단으로

마침내 카카오톡 오픈채팅, 라인(Line), 페이스북, 트위터, 텀블러(Tumblr)에서 불법 촬영물과 아동·청소년 성착취물로 의심되는 게시물을 올린 업로더에 대한 체포 리스트가 만들어졌다. 1개월간 테러팀에서 전담해 완성한 체포 명단은 총 101명이었다. 텀블러와 트위터에 집중적으로 유포하는 업로더가 대부분이었고, 특히 이 두 곳에서 조건만남·출장 성매매·불법 촬영물 거래 관련 게시물이 가장 많이 발견되었다.

101명의 실명과 인적사항이 기재된 리스트를 가지고 사이버수사대 전 직원이 회의를 가졌다. 수도권·경기도·인천 지역은 전담팀인 테러팀이 현장에 나가 체포와 조사를 병행하고, 남은 지역은 팀별로 권역을 나눴다.

우리팀은 전남·충북·대전·부산 지역을 배당 받았다. 1달 안에 각 지역에 흩어져 있는 피의자들을 체포해 전담팀에 인계해야만 했기에 다른 업무는 중단했다. 각 피의자별로 발부된 체포영장과 압수수색검증영장 기록과 함께 실시간 위치가 수신되고 있는 업무용 휴대전화를 인계 받아 체포 계획을 세웠다.

리스트 속 피의자들 대부분은 유사한 이동 행적을 보이고 있었다. 일과 시간대는 직장에서, 야간과 저녁은 집에서 그리고 주말은 인근 지역에서 위치가 확인되었다. 그들의 오프라

1장 | 디지털 성범죄

인 속 삶은 정상적인 사회 구성원으로 보일지 몰라도 온라인에서는 추악한 사이버 자아를 가지고 있다.

폴더명 '15세 청량리'

각 팀별로 할당된 지역으로 장거리 출장을 나가면서 사무실은 텅 비었다. 본격적인 체포가 시작되면 형사들 가정에는 불화가 생기기도 한다. 자녀들 등하교나 갑작스럽게 일어나는 가정 내 문제를 챙길 수가 없으니 아내들에게 걸려온 전화에 조용히 응답하는 일이 많아진다. 어쩌겠는가. 미안함은 한가득이지만 급한 호출이 오면 출동하는 게 형사의 일이다.

토요일 새벽, 전담팀에서 급한 호출이 왔다. 수도권을 커버하고 있는 전담팀에서 과부하가 걸린 듯했다. 곧바로 사무실로 출근해 장비를 챙겨 주소지로 향했다.

첫 번째 피의자의 주소지는 노원구의 한 다세대 주택이었다. 체포 장소 주변에 잠복 차량을 세우고 영장과 포승줄, 테이저건(Taser Gun), 그리고 캠코더 등을 챙겼다. 모두가 잠든 새벽이었지만 주먹으로 문을 두드렸다. 잠에서 막 깬 듯한 50대 중반 여성이 문을 열었다. 피의자의 엄마였다. 참 난감한 상황이다. 당신의 아들이 트위터와 텀블러에 성관계 영상을 유포했는데 여성들로부터 동의를 받았는지 안 받았는지를 확인해야 한다는 말을 어떻게 쉬이 꺼내겠는가. 우선 신분증과 영장을 제시하고 안으로 들어갔다. 그리고 방 안에는 못 들어오도록 했다. 일반적인 부모라면 아들이 불법 촬영물을 제작한 범죄자라는 말에 충격을 받지 않을 수 없을 것이다.

자고 있는 피의자를 흔들어 깨웠다. 인터넷 방송을 하는지 책상에는 마이크와 조명이 설치되어 있었고 주문 제작한 것으로 보이는 데스크톱 본체에서는 화려한 주황색 LED 조명이 어두운 방 안을 핑크색으로 밝히고 있었다. 전날에 접속한 트위터 계정이 화면에 그대로 띄워져 있었다. 체포영장에 적혀 있는 아이디와 동일했다. 피의자는 총 3개의 트위터 계정(주계정, 부계정, 뒷계정)을 사용하고 있었고, 계정마다 '_bdsm'이라는 닉네임을 사용했다. 이 알파벳은 각각 B는 bondage(구속), D는 Dominance/Discipline(복종), S는 Sadism(가학성), M은 Masochism(폭력성)을 뜻하는 약어다.

프본(프로필 사진 본인). 서울 26 남자. 186.6cm(키로 사기 안침). 오프/건전 다해요. 콘셉트 사진 이쁘게 찍으실 분도 좋아요. 일상 때는 자상하고 밤에는 헤헿. 플레이는 서로 이야기해서 합의한 것만.

그는 자신의 프로필을 보고 연락한 불특정 다수의 여성과 성관계를 가졌다. 자신을 성매매 시장에 상품으로 내다 팔아 경매가 되도록 포장한다는 말인데 이해가 되지 않았다. 심지어 부계정도 뒷계정도 아닌 주계정에 누구인지 모르는 여성들과 성관계를 가지는 영상이 업로드되어 있었다. 조회 수가 6,802회를 기록했고 리트윗되면서 누군가가 막 퍼나르고 있었다. 그리고 업로드한 게시물의 하단부에 #암캐 #섹파 #일탈 #팸섭 #맬섭 등의 유해한 해시태그가 달려 있었다. 모두 성인 여성과 성관계를 가지는 영상이었다. 그는 영상 속 여성들로부터 동의 받지 않고 유포했음을 시인했다. 일부 영상은 몰래카메라 형태로 촬영되어 있어 추궁하자 촬영 자체도 동의 받지 않은 영상도 꽤 많이 발견되었다.

〈성폭력범죄의처벌등에관한특례법위반(카메라등이용촬영) 제14조〉에는 카메라나 그 밖에 이와 유사한 기능을 갖춘 기계장치를 이용하여 성적 욕망 또는 수치심을 유발할 수 있는 다른 사람의 신체를 촬영하는 것을 주된 범죄 행위로 규정하고 있다. 촬영할 당시에는 촬영 대상자의 동의를 받았다고 하더라도 촬영 후에 동의 없이 반포·판매·임대·제공 또는 공공연하게 전시·상영하면 처벌받게 되어 있다. 즉 영상 촬영에 동의를 받았다고 하더라도 해당 영상을 인터넷에 공개하려면 추가적인 동의가 있어야만 한다. 맞춤 제작한 피의자의 데스크톱 본체는 전체 용량이 4TB가 넘었다. 저장 공간의 대부분이 트위터를 통해 만났던 여성들의 이름과 나이, 만났던 지역 별로 구분해 만든 폴더로 차 있었다. 하드 드라이브를 검색하 던 중 예상했던 폴더가 발견되었다.

[15세_청량리]

폴더에 있는 영상을 재생했다. 여성은 누가 봐도 미성년자 였다. 피의자는 가학적인 성적 취향을 청소년에게도 실현하고 있었다. 아동·청소년 성착취 영상물 제작 죄명을 추가해 구속 영장을 청구했다. 피의자는 영장실질심사에서 왜 이런 행위를 했는지에 대한 판사의 질문에 이렇게 답했다.

"관심 받고 싶어서요!"

피의자의 대답을 들은 판사의 눈이 커졌다. 얼굴에 놀란 기 색이 역력했다. 불법 촬영물 조회 수를 관심의 척도로 생각하 는 '관종'을 어떻게 이해해야 할지 모르겠다. 하지만 나는 '관 심 받고 싶었다'는 말도 한낱 변명처럼 느껴진다. 정작 영상에 는 본인의 얼굴은 나오지 않고 여성들의 얼굴만 나오기 때문 이다. 관심 받고 싶어 하던 이 피의자는 특별 단속 기간 중 첫 번째 구속 피의자가 되었다.

보안 폴더에 숨겨진 20개의 랜덤 채팅

이번에 체포해야 할 피의자는 대전에 거주하고 있었다. 불법 촬영물로 의심되는 영상을 업로드한 피의자는 여성과 성관계를 가지는 동안에도 카메라가 숨겨진 방향을 쳐다보면서 촬영이 잘 되고 있는지 확인하고 있었다. 음란물 유포로 체포영장을 발부받긴 했지만 늘 예상 밖의 범죄사실이 발견되는 게 특히 이런 사건이다.

통신사에서 30분 간격으로 전송하는 피의자의 휴대전화 기지국 위치 정보는 동일하고 반복적인 패턴을 보이고 있었다. 평일 오전 8시부터 오후 6시까지 동일한 기지국에 머물러 있는 걸 보니 회사원임이 분명했다. 퇴근 후 집 앞에서 체포해 압수수색을 하기로 했다. 통신사에 전화를 걸어 피의자의 실시간 위치 정보를 5분 단위로 보내달라고 요청했다.

피의자의 행동반경을 분석할 때는 보통 1시간에서 30분 단위로 위치를 확인한다. 하지만 체포 당일에는 실시간 위치 정보를 5분 단위로 바꾼다. 사실 체포 시점에는 5분 간격도 형사와 피의자 간에 충분히 간격이 벌어질 수 있는 시간이지만 통신사에서는 5분 단위 이하로는 정보를 제공하지 않는다.

늦은 오후 피의자의 집 앞에 도착했다. 바로 체포할 수 있도록 승합차를 주차하고 잠복에 들어갔다. 이제 피의자가 평소 생활 패턴대로 퇴근 후 집으로 와주면 된다. 하지만 이상하게도 체포 당일이면 늘 변수가 생긴다. 기지국 정보를 확인하니 퇴근해야 할 피의자가 아직도 회사 주변에 머물러 있는 것으로 나왔다. 회식을 한다거나 출장을 가면 계획이 어긋나 버리기 때문에 곧바로 직장으로 향했다. 직장은 집에서 차로 20여 분 떨어진 거리에 있었다. 피의자의 휴대전화 기지국 위치가 직장 인근에서 다른 기지국으로 수시로 붙었다 떨어졌다 하는 걸 보니 여기저기 이동하고 있는 듯했다.

더 이상 지체할 수 없어 체포영장을 들고 회사 안으로 들어갔다. 피의자가 다니는 직장은 용접 회사였다. 회사에서는 피의자가 저녁 늦게까지 납품해야 할 물건이 있어 거래처에 물건을 납품하러 갔다고 했다. 회사에 형사가 찾아온 사실이 금방 피의자에게 알려질 수 있으므로 곧바로 전화를 걸어 위치를 확인했다. 물건 납품하고 회사로 돌아가는 중이라 곧 도착한다고 했지만 믿을 수가 없었다. 단 한 번도 공개된 적 없는 사이버 자아가 세상에 공개되는 순간, 피의자는 오만가지 생각에 사로잡힐 게 분명하다. 그래서 도착할 때까지 전화를 끊지 않고 계속 통화를 했다. 이 순간부터 휴대전화는 압수할 거니까 손대면 안 된다고 강조하는 사이 피의자가 운전하던 차가 회사에 도착했다. 곧바로 휴대전화부터 압수했다. 그를 승합차에 태워 체포영장을 집행하고 집으로 향했다.

음란물 유포 범죄가 처음인 피의자들은 대부분 범죄사실을 인정한다. 체포영장에 적혀 있는 범죄사실을 열거해 주면 자신들의 행동이 얼마나 잘못된 것인지에 대한 최소한의 예의는 지킨다. 이번 피의자도 모든 범죄사실을 인정했다.

회사에서 마련해준 숙소에서 생활하고 있던 피의자의 방 안에 외장하드와 8TB의 맞춤형 데스크톱이 보였다. 외장하드와 데스크톱에는 업로드한 영상물의 원본을 포함한 수많은 불법 촬영물과 음란물이 있었다. 그리고 이번에도 청소년이 등장하는 영상물이 발견되었다. 피의자는 영상 속 인물이 중학생임을 자백하며 고개를 숙였다.

저장 공간에는 세상에 나와서는 안 될 영상들만 담겨 있었다. 컴퓨터와 외장하드를 통째로 압수하고 승합차에 올랐다. 사무실까지 적어도 4시간 이상 달려야 했기에 차 맨 뒷좌석 진실의 방에서 인터뷰를 시작했다. 피의자는 영상 속 청소년들을 랜덤 채팅으로 만났다고 했다. 그런데 압수한 스마트폰에서는 앱이 발견되지 않았다. 아마도 보안 폴더에 별도로 정리한 듯했다. 어차피 디지털 포렌식(Digital Forensic)*으로 일목요연하게 정리해서 나올 건데 괜히 피곤하게 하지 말고 풀

---

* PC나 노트북, 휴대폰 등 각종 저장매체 또는 인터넷상에 남아 있는 디지털 정보를 분석해 범죄 단서를 찾는 수사 기법이다.(출처: 네이버 지식백과)

자고 하니 곧바로 비밀번호를 입력했다. 보안 폴더에는 20여 개의 랜덤 채팅앱이 깔려 있었다.

'먼저 가슴 보여 줄 수 있어요?'
'지금 독서실에서 공부 중인데.'
'먼저 가슴 보여주면 제 거 보여 줄게요.'

피의자가 체포 직전에 학생과 나눈 대화였다. 우리가 집 앞에서 잠복하고 있던 시간이었다. 대화 상대방은 학생이었다. 그리고 대화 마지막에 학생은 독서실에서 조용히 나와 화장실에서 자신의 가슴을 촬영해 피의자의 휴대폰으로 전송한 상태였다. 그 사진이 어떤 의미를 가지고 있는지 학생은 모를 것이다. 지금 체포가 되었기에 망정이지 피의자는 이 사진을 담보로 자기가 원하는 대로 학생의 인권을 유린할 수 있다.

목숨을 노릴지도 모를 이런 사진을 왜 전송하는 건지 답답하기만 했다. 피의자에게 학생과 성관계를 가지려는 목적이었는지 몇 번이고 물었지만 대답이 없었다. 답하지 않아도 알고 있다. 틀림없이 목적은 성관계와 영상 촬영이다. 영상 속 피해자들을 찾아 가족들에게 사실을 알려야 한다는 생각에 막막해졌다. 이런 일에는 좀처럼 익숙해지지 않는다.

가챠(Gacha), 랜덤 채팅

인형뽑기방이 유행처럼 들어서던 때가 있었다. 한 번에 원하는 아이템을 얻지 못해 계속 동전을 교환했던 경험을 해본 적이 있을 것이다. 특히 이런 현상은 청소년들에게서 많이 나타나는데 여기에는 가챠 시스템(Gacha System)이 숨어 있다.

'가챠'는 일본의 캡슐 토이 자동판매기 이름에서 유래된 말로, 이제는 온라인 게임사에서도 사용된다. 온라인 게임 속에서 구매하는 랜덤 아이템 박스는 '확률형 아이템'이다. 즉 유저 입장에서 뭐가 나올지 모르니 원하는 아이템을 얻으려면 계속 돈을 써야 한다. 특히 청소년들은 이런 방식에 쉽게 중독된다. 그러나 가챠 시스템의 문제는 이것이 끝이 아니다.

가챠 시스템에 '디지털 성(性) 콘텐츠'가 결합되면 청소년뿐만 아니라 성인들에게도 좋은 사업 수단이 된다. 대표적인 것이 '랜덤 채팅'이다. 누가 걸릴지 모르는 가챠 시스템과 낯선 사람과의 채팅이 결합된 플랫폼 랜덤 채팅은 개발 초기의 긍정적인 효과를 잃어버린 지 오래다. 랜덤 채팅을 범죄를 목적으로 가입한 사용자는 대부분 자신의 정보를 허위로 기재하고 타인의 사진을 도용한다. 결국 범죄자는 익명이라는 마스크를 쓰고 가챠 시스템에서 먹이를 기다리고 있는 셈이다. 이런 구조 속에서 순수하게 인간적 교류를 바라고 가입한 사람들은 자신의 정보를 정직하게 범죄자에게 제공하는 꼴이 된다.

이러한 문제는 개발사들이 회원 정보를 투명하게 관리하면 해결이 되지만, 이는 영업 비밀을 드러내는 결과가 될 수 있어 결코 알려주지 않는다. 가입자가 입력한 정보를 바탕으로 성별, 나이별, 지역별로 분류해 가챠 시스템으로 가입자들을 매칭해 주는 것이 사업의 콘셉트인 탓이다. 개발사는 입장료만 받고 서로 마주볼 수 있는 테이블만 마련해 주었을 뿐 나머지는 모두 사용자의 선택이다 보니 위험성이 점차 높아지고 있다. 더 많은 피해자가 나오지 않도록 관계 기관에서 논의해 조치를 취해야 한다.

중독자들

SM 중독자와 관음증 피의자 검거 사건

질병 코드 'F65' 성선호장애

세계보건기구(WHO)는 인류의 질환을 ICD(Classification of Disease)라는 국제질병분류표로 체계화해 놓았다. 국내에도 세계보건기구에서 권고한 사항을 반영해 한국표준질병·사인분류(KCD)로 유형화했다. 여기서 '습관 및 충동 장애'는 질병 분류 코드 'F63'으로 분류해 두었는데, 다른 항목에 포함되지 않은 행동장애를 포함한다고 정의하고 있다. 쉽게 말하자면 명백한 이성적 동기가 없는 반복적 행동, 환자나 타인의 관심에 해를 주는 행동을 절제하지 못하는 특징이 있다는 것이다. '습관 및 충동 장애 질병' 중 가장 대표적인 것이 '병적 도박'이다. '도박 중독'이라는 단어로 더 많이 사용되고 있는 병적 도박은 자주 반복되는 도박 에피소드로 환자의 생활에 사회적·직업적·물질적으로나 가족의 가치, 수행 면에서 손해를 끼친다고 분류하고 있다.

그런데 음란물과 관련된 질병 분류는 없다. 음란물·불법 촬영물·청소년 성착취물로 체포된 피의자들을 심문해 보면 자극적인 영상을 보지 않으면 일상생활이 안 될 정도로 힘들다며 고통을 호소하는 이들도 있는데 말이다. 물론 KCD를 보면 질병 코드 F65 성 도착증을 포함한 성선호장애(Disorder of Sexual Preference)가 있긴 하다. 페티시즘으로 불리는 물품음란증(F65.0), 물품 음란성 의상 도착증(F65.1), 노출증(F65.2), 관음증(F65.3), 소아성애증(F65.4), 가학기피증(F65.5), 성 선호의 다발성 장애(F65.6), 기타 성 선호(F65.8) 등. 그러나 음란물에서 비롯된 질병 분류는 없을지라도 분명한 건 오랫동안 자극적인 음란물에 노출된 피의자들은 병들어 있다는 사실이다. 그리고 그들은 비정상적으로 정립된 자신들의 성적 이상을 실행할 희생자를 늘 찾고 있었다.

● 평범한 회사원? 가학행위 중독자!

집중 단속 기간이라고는 하지만, 사실 전 팀원이 달라붙어 음란물 유포자를 대규모로 색출해내는 경우는 흔치 않다. 그만큼 사안이 심각하다는 방증이기도 하다. 체포조가 밤낮을 가리지 않고 전국에서 피의자들을 압송해 데리고 오면 조사팀은 압수물 중 아동·청소년 성착취물을 직접 제작하거나 유포한 경우 구속영장을 청구하며 수사에 열을 올렸다.

이번 목적지는 부산 사하구였다. 사실상 공식 단속 기간 중 우리팀에 할당된 마지막으로 체포해야 할 피의자였다. 공식 단속 기간이 종료되면 음란물 사건은 전담팀에서 집중 수사하는 걸로 전환될 예정이었다. 오후 늦은 시간 집 앞에 도착했다. 그 시간 피의자의 휴대폰 기지국 위치는 사무실이었다. 일주일간 분석한 피의자의 이동 반경은 지극히 일반적인 회사원과 같았다. 평일 퇴근 시간은 규칙적이었고 주말에도 부산 시내를 벗어나지 않는, 한마디로 가정에 충실한 사람으로 보였다. 하지만 이번 피의자도 어떤 사이버 자아를 가지고 있을지는 스마트폰과 저장 장치를 발견하기 전까지는 아무도 모른다.

복도식 아파트 1층에 거주하고 있어 내일 출근하는 피의자를 기다렸다가 집 안으로 밀고 들어가는 시나리오를 세웠다. 모두 장기 출장으로 피로가 누적되면서 숙소에서 쓰러지듯 잠들어버렸다. 다음날 새벽에 기지국을 확인해보니 다행히 피의자는 집에 머물러 있었고 곧 출근 시간이었다. 서둘러 체포영장과 압수수색영장, 수갑과 포승줄을 확인하고 집으로 향했다. 출근하려고 문을 여는 모습이 훤히 보이는 위치에 차를 세우고 잠복을 시작했다. 잠복 10분 만에 피의자가 문을 열고 나오는 모습이 보였다.

서류 속 사진과 얼굴이 정확히 일치했다. 출근하려는 피의자를 발견하고 차에서 내렸다. 계단식 아파트 복도에서 걸어오는 피의자를 향해 정면으로 다가가면서 뒷주머니에 있는 수갑을 만졌다. 나는 얼굴을 주시한 채 걷고 있었지만 피의자는 낌새가 이상했는지 애써 다른 곳을 보았다. (당신을 바라보면서 마주오는 그 이상한 놈은 물어볼 것이 참 많다.) 서로 스치는 순간, 오른팔을 낚아챘다. 그를 데리고 다시 집으로 들어가려는 나와 버티는 피의자 사이에 몸싸움이 벌어지면서 통로가 막혀 아파트 1층은 순식간에 출근하려는 사람들도 붐볐다. 순순히 집으로 들어가지 않으면 여기서 음란물 유포 체포영장을 집행하겠다고 하니 그때서야 피의자가 움직였다.

거실에서 데스크톱 하드 드라이브급 사이즈의 저장장치가 발견되었다. 10TB(테라바이트)였다. 1TB가 1,000GB(기가바이트)이니, 이 장치에는 2GB짜리 영상물 5,000개를 저장할 수 있다. 설마 여기에 전부 그런 것만 있는지 물어보니 피의자는 고개를 숙이고 말이 없었다. 이 영상을 일일이 캡처해 수사보고서로 작성할 것을 생각하니 내 앞에 서 있는 피의자와 차이를 모르겠다. 추가로 안방과 거실을 뒤지다 비스듬하게 있는 냉장고가 눈에 들어와 살펴보니 냉장고 뒤에 모조품 수갑, 채찍, 재갈 등이 담긴 가방이 나왔다. 그때, 화장실 문틈 사이로 누군가와 눈이 마주쳤다. 피의자의 아내였다. 여성은 누가 봐도 아파 보이는 얼굴이었고, 그의 말에 의하면 혈액 투석을 받고 있다고 했다. 남편을 체포해야 한다는 말을 하려니 오히려 내가 죄인이 된 느낌이었다. 울고 있는 부인을 뒤로 하고 압수물과 피의자를 승합차 뒷좌석에 태웠다.

피의자의 스마트폰에 저장된 영상에 등장하는 남자는 피의자가 맞지만, 상대는 부인이 아니었다. 그리고 수사를 할수록 나 또한 피의자들의 비정상적인 온라인 삶 속에 갇히는 것 같았다. 여성의 입에는 냉장고 뒤에서 발견한 물건과 동일한 재갈이 물려 있었고 손에는 수갑이 채워져 있었다. 영상 속 여성과의 가학적이고 폭력적인 성행위에 경악을 금치 못했다. 그녀를 단골 음식점에서 알게 되었다고 했다. 목을 조르고 폭력을 가하는 장면을 보았기에 무엇보다 안전이 걱정되었다. 하지만 피의자는 여성이 결혼해서 잘 살고 있으니 절대 연락하지 말아 달라고 부탁했다. 영상을 폐기해 애초부터 이 세상에 없던 것으로 만들면 모든 게 정상으로 돌아갈 수도 있으니, 굳이 이 사실을 알려 누군가의 가정과 삶이 망가지는 일을 만

들고 싶지 않았다.

　다만 내 앞에 고개를 숙이고 앉아 있는 피의자를 바라보면서 마음이 무거워졌다. 피의자가 입고 있는 근무복에는 대기업 로고가 박혀 있었고 그 때문인지 건실한 노동자처럼 보였다. 밖에서 만났다면 그가 절대 SM 플레이*를 좋아하는 비정상적 인물이라고는 생각하지 못할 것이다. 그저 아픈 아내를 돌보는 성실한 가장이라고 생각했을 것이다. 현실의 그와 영상 속 인물은 전혀 다른 사람이었던 것이다.

캠코더 속에 갇혀버린 관음증 중독자

　음란물 유포 사건은 국제 공조 사건으로 배당되기도 한다. 음란물 유포자 집중 단속과는 별건으로 미 국토 안보부(Homeland Security Investigation, HSI)로부터 사건이 하나 배당되었다. 국내 P2P** 프로그램인 이뮬(eMule)을 통해 아동·청소년 성착취물이 유통되고 있으니 수사를 해달라는 요청이었다.

---

　*　사디즘(Sadism), 마조히즘(Masochism)의 준말로 가학자와 피가학자가 합의된 가학 행위를 통해 성적 흥분을 얻는 플레이.
　**　Peer to peer: 인터넷에서 개인과 개인이 직접 연결되어 파일을 공유하는 것. 기존의 서버와 클라이언트 개념에서 벗어나 개인 컴퓨터끼리 직접 연결하고 검색함으로써 모든 참여자가 공급자인 동시에 수요자가 되는 형태임.(출처: 네이버 지식백과)

파일 공유프로그램 이뮬은 2000년대 초반 당나귀(eD-onkey), 푸르나(purna)가 업데이트되면서 개인(Peer)대 개인(Peer) 간 파일을 공유하면서 배포하는 방식으로 돌아간다. 그래서 미 국토안보부와 공동으로 P2P를 통해 유통되는 아동·청소년 성착취물에 고유 DNA값을 추출해놓고 이를 유통하는 사용자들을 추적하는 프로그램을 개발했다.

프로그램을 통해 드러난 사용자는 대량의 영상물을 업로드하고 유포하는 헤비 업로더였다. 보통 P2P에서 헤비 업로더가 되려면 집에 고성능 컴퓨터를 십여 대 돌리거나 1년 365일 컴퓨터를 켜놓은 채 음란물만 유포해야 한다. 프로그램으로 확보한 네트워크 주소로 영장을 받아 인적사항이 특정되었다. 30대 초반의 통신 관련 회사에서 근무하는 직장인이었다. 주소지 압수수색영장을 가지고 회사로 향했다. 근무 중인 피의자를 조용히 불러 미리 확보한 성착취물 캡처 사진을 얼굴 앞에 들이대니 세상에서 가장 순종적인 사람이 되었다. 오로지 자기만 알고 있을 줄 알았는데 다른 사람도 아닌 형사가 눈앞에 사진을 펼쳐 보이니 모든 걸 내려놓지 않을 수가 없었을 것이다.

집에 도착하니 예상대로 컴퓨터도 열심히 근무 중이었다. 몇 달째 파일 공유 프로그램이 돌아가고 있는 중이었다. 그리고 4TB, 10TB의 외장하드 10여 개가 발견되었다. 음란물 압수 현장 중 역대급으로 외장하드가 많이 발견되었다. 설마 이모든 게 음란물일까 싶었지만 전부 음란물이었다. 저장장치를 하나도 빠짐없이 압수해 디지털 포렌식팀에 맡겨 외장하드 매체별로 음란물을 분리했다. 어마어마한 양의 음란물이 보관되어 있었다. 이 정도면 탐닉을 넘어 중독 수준이었다. 다 확인할 엄두조차 나지 않는 분량이어서 아동·청소년 성착취물만 별도로 분류했다. 그마저도 일일이 영상을 확인하기에는 양이 많아 영상물 제목으로 먼저 분류했다. 'teen', 'old', 'young', 'school', 'grandpa', 'granddaughter' 등 키워드로 1차 분류를 한 후, 영상을 하나씩 확인해 성착취물로 인정되는 영상물은 범죄 일람표로 만들었다.

외장하드 중에는 몰래 카메라 형식으로 촬영된 영상물만 별도로 보관된 것도 있었다. 피의자는 아침에 출근하면서 소형 캠코더를 가지고 버스를 기다리는 여성, 맞은편 좌석에 앉은 여성을 촬영했고, 퇴근 후 식당에서 밥을 먹으면서도 맞은편의 여성들을 촬영했다. 의류 매장에서는 쇼핑을 하는 여성들의 뒷모습을, 헬스장에서는 운동하는 여성들을 촬영했다. 촬영된 여성들은 모두 얼굴과 가슴이 같이 나오거나 가슴과 하반신이 함께 나오는 각도로 찍혀 있었다.

〈성폭력특별법 카메라 등을 이용한 촬영죄〉가 되려면 다른 사람의 신체를 의사에 반하여, 성적 욕망 또는 수치심을 유발할 수 있는 정도로 촬영되어야 성립된다. 여성들의 동의를 받지 않은 건 확실한데, '성적 욕망이나 수치심이 들 정도'의 기준을 어디에 두어야 할지 혼란스러웠다. 그렇다고 해서 1만여 편이 넘는 영상에 등장하는 모든 여성을 찾아 직접 물어볼 수도 없는 노릇이었다.

이런 상황에서 내가 할 수 있는 건, 구속영장을 청구해 피의자를 감호소에서 약물 치료라도 받게 하는 거였다. 자연스러운 일상생활을 하지 못하고 항상 자신과 같은 공간에 있는 여성들을 몰래 살피며 성적 쾌감을 채우는 관음증 환자인 것은 분명했기 때문이다.

소형 캠코더를 통해 왜곡된 시선으로 여성을 바라보던 피의자. 이번 사건을 계기로 당분간은 잠복기에 들어가겠지만, 적절한 치료를 받지 않으면 분명 마음속 욕망이 다시 살아나 그를 조종할 것이다.

돈이 되는 불법 촬영물 그리고 방관자들

해외 SNS인 '텀블러(Tumblr)'와 '트위터(Twitter)'에 화장실 몰카를 포함한 불법 촬영물이 판매되고 있다는 게시글이 포착되었다. 이런 경우 다른 경찰서에서도 수사를 시작한 경우가 많기 때문에 먼저 체포해야만 여죄 사건을 끌어올 수 있다. 누가 먼저 수사를 시작했든지 피의자를 체포하는 경찰서에서 사건을 이송해달라고 요구하면 다른 경찰서는 보내줘야 하는 게 상도덕이다.

업로더의 인적사항을 파악하고 곧바로 신원 조회를 해보니 청주 교도소에 수감 중이었다. 이미 다른 경찰서에서 먼저 체포해 구속을 시킨 뒤였던 것이다. 사건을 마무리하기 위해 청주 교도소로 가 수사 접견실에서 피의자를 만났다. 믿기지 않았지만, 그는 음란물 판매로 5천만 원을 벌었다고 진술했다. 화장실에서 촬영한 불법 촬영물, 집안에 설치된 웹캠(Web Cam, IP CCTV)을 해킹한 영상물, 탈의실에서 촬영한 영상물이 대부분이었다. 불법 촬영물은 대용량으로 판매하는 경우가 많다며 클라우드 서비스를 자주 이용한다고 진술했다.

그의 말처럼 최근 팀박스(teamboxcloud.com), 메가(mega.nz), 센드 애니웨어(send-anywhere.com) 등 대용량 파일 공유가 손쉬운 클라우드 서비스가 불법 촬영물과 성착취물 유통에 큰 역할을 하고 있다. 물론 이러한 영상을 구매하고 공급하는 사람들의 개별적인 문제라고 보는 시각도 있을 것이다. 하지만 보고서 작성을 위해 압수한 영상물을 억지로 보다 보면 영상 속 피해 여성이 나의 아내, 나의 딸이 될 수 있다는 생각과 함께 이런 영상으로 5천만 원을 벌어들이도록 방관한 플랫폼 회사에 책임을 물어야 마땅하다는 생각이 든다.

물론 업체들은 가용한 기술과 인력을 동원해 모니터링을 하고는 있다. 그러나 기술적·인적 한계로 모두 모니터링할 수 없다는 변명도 몇 년 전부터 꾸준히 내놓는다. 안타까운 현실이다. 기업들의 변명이 지금까지도 통한다는 사실이.

N번방은 끝나지 않았다

익명이라는 매혹, 끝나지 않는 싸움

카카오톡 오픈 채팅방 사건

한 학생이 어머니와 함께 사무실을 방문했다. 누군가 자신을 감시하는 것 같다는 말을 하는 학생의 얼굴에는 두려움이 가득했다. 학생은 내게 스마트폰을 건넸다. 화면에 떠 있는 오픈 채팅방을 살펴보니 끔찍한 내용의 글과 영상이 업로드 되어 있었다.

부끄(닉네임): 자위해봤어?

피해자: 내가 왜. 너 누구야?

부끄: 해봤어. 안 해봤어.

부끄: (영상 파일 전송) 덮치고 싶어.

스마트폰 속 오픈 채팅방에는 피해자를 강간하고 싶다는 내용과 함께 학생의 자위 영상이 업로드되어 있었다. 대부분의 경우에는 대화 내용과 영상을 지우는데, 이 학생은 두려워하거나 숨지 않고 지우지 않은 채 모두 보관하고 있었다. 자료가 삭제되면 디지털 포렌식을 하더라도 복구가 어렵게 되기 때문에 원본 확보가 제일 중요하다. 간혹 두려움에 자료를 삭제했다가 당시 상황 그대로 스스로 다시 촬영하면 안 되겠냐고 묻는 피해자도 있어 가슴이 아프다. 재촬영은 법적으로 허용되지 않을뿐더러 증거가 되지 못한다. 피해 당시의 원본을 확보해야만 향후 삭제·차단을 위한 검색에 활용할 수 있다.

'부끄'라는 닉네임을 쓰는 피의자는 아동·청소년 성착취물을 오픈 채팅방에 입장한 모든 사람이 볼 수 있도록 업로드했다. 그밖에 채팅방에 접속한 사람들도 초성이나 뜻 없는 단어를 닉네임으로 쓰고 있었다. 피해자만 실명을 공개한 터라 두려울 만도 했다.

다음 카카오 회사로부터 오픈 채팅방 접속자 20여 명에 대한 정보를 받아 인적 사항을 특정한 후 모두 조사 대상자로 분류했다. 범행 이전부터 피해자가 개설한 오픈 채팅방에 접속한 후 상황을 지켜보다 영상을 업로드했을 가능성이 높기 때문에 시간 범위를 넓혀 접속자들에 대한 정보를 회신 받았다. 오픈 채팅방 접속자들에 대한 로그 기록*은 초 단위로 수집하기 때문에 시간대가 넓어지면 그만큼 대상자가 늘어난다. 게다가 오픈 채팅방은 대화명이나 닉네임을 익명이나 가명으로 처리하기 때문에 스스로 공개하지 않는 이상 어떤 의도로 입장했는지는 알 방법이 없다. 수십 명이 넘는 접속자 대부분은 같은 학교나 인근 학교 학생들이었다.

청소년의 경우에는 사건과 관련 없는 단순 참고인이라고 해도 반드시 부모를 포함한 신뢰 관계자가 동석한 상태에서 조사를 해야 한다. 20여 명이 넘는 학생과 부모의 일정을 함께 조율하면서 조사 일정이 길어져 이미 학교에는 피해자에 대한 소문이 퍼지고 있었다.

참고인 한 명을 조사할 때마다 퍼져나가는 소문의 속도는 빛보다 빨랐다. 조사도 끝내지 못한 상황에서 피해 학생만 고통을 받다가 학교나 거주지를 옮겨야 하는 상황이 될까 봐 심적 부담감이 컸다. 수사를 더 깊게 했다가는 다른 지역까지 퍼져 나갈 것 같아 피해자와 가족들의 동의를 받아 수사를 중단

---

* Log Records: 사용자가 특정 시스템에 접속하기 위해 등록하면서 남는 전산 운영 정보다. 누가, 언제, 어떻게 시스템에 접근해 무엇을 했는지가 컴퓨터에 자동으로 저장된다.

1장 | 디지털 성범죄

했다. 수사도 수사지만 무엇보다 피해 학생이 계속 살아갈 수 있도록, 꿈을 키워나갈 수 있도록 지켜주고 싶었다.

이 사건으로 디지털 성범죄 사건은 수사만으로는 피해자의 고통을 덜어줄 수 없다는 걸 알게 되었다. 특히 피해자에게 디지털 낙인자라는 프레임이 씌워진 소문은 순식간에 퍼져 범인을 검거하더라도 고통은 여전히 남을 것이다. 피해자가 극단적 선택이라도 할까 봐 수사 당시에는 심적 압박이 상당히 컸다. 급속도로 퍼지는 소문을 도저히 막을 방법이 없어 잠잠해지길 기다렸다가 미검 상태로 사건을 송치하는 게 당시 최선이었다. 이 사건이 내가 청소년들의 디지털 성범죄 사건 전담 부서에 근무할 자신이 없어지게 된 첫 번째 트라우마가 되었다.

텔레그램만의 문제가 아니다

과거 'n번방 사건'으로 국민들은 성착취물 유통이 음성적으로 활발히 일어나고 있음을 알게 되었다. 그러나 n번방 사건을 계기로 '디지털 성범죄 특별 수사단'을 출범해 더욱 적극적으로 수사를 하고 있음에도 여전히 성착취물 유통 문제는 해결되지 않았다. 아마도 완벽한 해결은 어려울지도 모르겠다.

서울청, 강원청, 경북청에서 n번방 사건의 주범급들을 검거하자 텔레그램에 둥지를 틀고 있던 디지털 성범죄자들은 다른 유통망을 찾아 나섰다. 철저하게 익명이 유지되어 수사망을 피할 수 있을 거라는 믿음이 무너지면서 빠른 속도로 다른 메신저로 옮겨가는 풍선 효과가 나타났다. 아니나 다를까 곧 해외에서 서비스를 제공하는 보안 메신저*를 수사하라는 지시가 내려왔다.

● **디스코드(discord)**

우리 청은 여러 메신저 중에 디스코드 전담팀이 되었다. 디지털 성범죄 전담 수사팀에서 시민단체와 여성단체에서 모니터링한 계정을 모두 넘겨받아 1년 상시 단속 체제로 돌입했다. 그리고 경찰청에서는 '글로벌 IT 기업 전담팀'을 신설해 해외 SNS 기업들과 직접적인 협력 창구도 마련했다.

해외 SNS를 사용해 디지털 성범죄를 저지르는 피의자들을 처벌하려면 서비스를 제공하는 해외 기업의 신속한 국제 공조가 필요하다. 점점 사안이 심각해지는 탓인지 기업들의 국제 공조 참여가 높아지고 있다. 디스코드 본사가 있는 샌프

---

* Secure Messanger: 종단간 암호(E2EE, End to End Encryption) 기술이 적용되는 메신저로 메시지를 보내는 곳부터 받는 곳까지 모든 과정에서 암호화된 상태로 메시지를 전달하는 방식. 불법 도박 사이트 운영자와 디지털 성범죄자들이 해외 기업이 국내 수사 기관에 수사 협조를 하지 않을 거란 신념으로 대부분 사용하고 있는 메신저.

1장 | 디지털 성범죄

란시스코에서 관련 절차에 따라 자료 제공을 요청하면 적극적으로 협조하겠다고 회신이 왔다.

여성단체와 시민단체가 밤낮을 가리지 않고 불법 촬영물과 성착취물 유포자에 관한 자료를 모아 넘겨주면 전담팀에서 경찰청과 협조해 미국과 뉴질랜드 측에 자료를 요청했다. 그렇게 회신 받은 자료로 피의자들의 인적 사항이 특정되면 순차적으로 검거와 체포를 하는 방식이었다. 결과는 참담했다. 디스코드 수사로 검거되거나 체포된 피의자 대부분이 미성년자였다.

디스코드는 음성, 채팅, 화상 통화를 지원하다 보니 게임 유저들에게 인기가 좋다. 특히 〈배틀그라운드〉와 〈리그오브레전드〉와 같은 게임 사용자들이 필수로 사용해야 하는 서비스가 되면서 국내 10대와 20대들의 전폭적인 지지를 받고 있다.

그런데 이렇듯 청소년 사용자가 대부분인 국내 디스코드 채널 안에서 '야동, 자위, 성인, 19금, 딥 페이크(Deep Fake), 불법 도박' 등 유해한 서버가 수백 개 발견되었다. 해당 서버들은 하나같이 청소년들에게 자극적인 콘텐츠를 제공해 돈을 벌고 있었고, 나아가 그들의 개인정보도 노리고 있었다.

야동 하루에 500GB 링크 업로드합니다. 영상하고 합성 사진 1200개, 500개 올려놨습니다. 한국, 서양, 일본, BJ, 틱톡 영상, 사

디스코드(discord)로 개설된 서버의 모집/검색이 가능한 디스보드(disboard) 화면

진 모두 300개씩 올려놨습니다. 문화상품권으로 텔레그램 VIP 채널 입장 가능합니다.

나체 상태로 카메라 앞에서 자위를 하고 성 행위를 하는 청소년의 모습이 담긴 영상들이 압축 파일로 상품화되어 문화상품권 몇 장에 거래되고 있었다. 그리고 거래를 하는 피의자는 청소년들이었다. 청소년이 등장하는 성착취물을 청소년이 유통시키고 있는 현실 앞에서 밝고 깨끗한 사이버 세상은 이

　　　　　　　　　　　　1장 | 디지털 성범죄

미 우주 여행을 떠난 듯했다. 특히 이곳 디스코드 서버에는 인간 이미지를 인공지능 딥러닝(Deep Learning) 기술로 합성하는 '딥 페이크(Deep Fake) 콘텐츠'를 제작해주는 곳이 유독 많이 발견되었다. 그리고 어김없이 '#지인능욕'과 같은 태그를 활용해 SNS에서 홍보까지 하고 있었다.

비단 디스코드만의 문제가 아니다. 2018년 웹하드 카르텔 사건을 계기로 시작된 '음란물 유포자 집중 단속' 기간 중 해외 SNS에서도 불법 촬영물이 유통되고 있음을 확인했다. 특히 텀블러(Tumblr)는 불법 촬영물과 아동·청소년 성착취물이 가장 많이 유통되고 있었다.

● 끝까지 싸워야 한다

국내 기업 네이버, 카카오를 포함해 애플, 구글, 페이스북, 트위터 등의 기업이 매년 '투명성 보고서'(Transparency Repoer)를 발간하고 있다. 투명성 보고서란 기업이 정부의 이용자 정보 제공요청, 콘텐츠 삭제요청과 같은 통계를 매년 취합해 보고서 형식으로 공개하는 기업 보고서의 한 형식이다. 이런 IT 기업들이 투명성 보고서를 발간하는 이유는 결국 이용자를 통해서 수익이 창출되고 이용자들의 개인정보보호가 기업의 수익과 직결되기 때문에 개인정보보호를 기업 운영의 투명성에 포함시키고 있는 것이다. 다만 투명성 보고서는 각 기업이 자율적으로 공개하는 보고서이기에 정형화된 형식이 없고 기업이 제공하는 서비스 성격에 맞추어 자유롭게 공개하고 있다.*

그리고 국내 방송통신위원회는 「정보통신망 이용촉진 및 정보보호 등에 관한 법률」 제64조의5 및 같은 법 시행령 제69조의2에 따라 '불법촬영물 등 유통방지 책임자 지정의무자가 제출한 불법 촬영물 등의 처리에 관한 보고서'를 공개하고 있는데 여기에는 국내외 글로벌 IT 기업들의 투명성 보고서와 국내 부가통신사업자**가 자체 제작한 보고서가 포함되어 있다.

특히 일평균 접속자가 수십만 명에 이르는 국내 주요 부가통신 사업체는 정기적으로 방심위에 보고서를 제출하고 있다. 불법촬영물 유통 방지를 위한 일반적인 노력과 기술적인 노력에 대한 조치와 결과도 보고해야 하며 청소년 유해물 표시 및 접근 제한 조치, 불법 촬영물 유통방지 등을 위한 고객 상담센터 운영 여부 등 자체 처리 규정과 결과도 정기적으로 보고하고 있다. 그러나 유통망이 차단되면 포식자들은 또 다른 시장을 찾아 나설 것이다. 따라서 아동과 청소년을 포함한 모든 피

*   네이버 프라이버시 센터의 '투명성 보고서의 이해' 중 일부 인용
**   Value Added Common Carrier: LG, SK, KT 등 기간통신사업자로부터 전기통신
     회선 설비를 빌려서 전기통신을 기반으로 제공디는 서비스를 제공하는 사업장을 의미
     함.(출처: 네이버 지식백과)

해자들의 안전을 위해서는 여러 기관이 합심해서 다양한 방법을 찾아야 한다.

악의 집결지 다크웹

국내 다크웹 중 가장 많은 가입자를 확보하고 있는 'Kor Chan(코챈)'이라는 이름의 게시판에는 아래의 예시는 우스울 만큼 참담한 게시물이 숱하게 올라온다.

게시글 #3XXXX   작성일: 2021-5-XX 오전 12:34
'로린이 기저귀 차는 거 보고 딸치고 싶다 ㄹㅇ...'
↳ baby나 toddler도 은근히 많더라.
↳ 난 여장한 쇼린이가 꼴림.

감히 말하건대 다크웹(Dark Web)은 인간의 추악한 상상력이 결집되어 있는 불법 콘텐츠 유통망이라 할 수 있다. 많은 사람이 다크웹을 n번방 사건으로 급하게 구축된 또 다른 유통망으로 인식하고 있지만 인터넷의 탄생과 함께 구축된 분산형 보안 시스템이다.

1970년대 군사용 보안 목적으로 인터넷의 시초라고 불리는 ARPANET과 분리된 분산형 보안 네트워크인 다크넷(Dark

Net)에서 유래되었다. 특히 다크넷은 TOR*와 같은 특정 소프트웨어를 이용해 IP 주소를 전 세계에 분산시켜주고 있는 만큼 글로벌화된 익명성이 담보된다는 특징을 가지고 있다. 이렇다 보니 이미 각 국가별로 다크웹 서비스를 제공하는 커뮤니티가 오래전부터 구축되어 서비스를 시행하고 있고 국내 다크웹 사이트도 만들어져 있다.

다크웹(Dark Web), 다크넷(Dark Net), 딥웹(Deep Web) 등 많은 명칭으로 불리고 있는 인터넷 암시장은 태생이 네트워크 보안이 목적이다 보니 말 그대로 어둠의 경로가 되어 버렸다. 위조, 개인정보 유출, 마약 및 무기거래, 도박, 불법 촬영물, 아동·청소년 성착취물 등이 주로 거래되고 이용자의 정보가 모두 익명화·암호화 되다 보니 그다음 불법 콘텐츠의 유통지가 될 것임은 충분히 예상 가능하다. 그래서인지 다크웹은 오래전부터 일반적인 인터넷과 달리 특정 웹브라우저를 통해서만 접속이 가능하고 전 세계에 분산된 네트워크를 통해 IP 주소를 수차례 변경하는 기술적 이론 때문에 디지털 성범죄뿐 아니라 사이버 범죄자들의 집결지가 되고 있다.

범죄자들은 다크웹에서만큼은 익명성이 보장될 것이라 믿겠지만, 결코 그곳도 안전지대가 될 수 없다. 2013년 미국에서

---

* The Onion Router의 첫 글자를 따서 TOR(토르)라는 명칭으로 불림.

는 다크웹에서 마약과 대마초 거래로 유명했던 실크로드(Silk Road) 운영자를 체포하고 사이트를 폐쇄한 바 있으며, 2017년에는 알파베이(Alpha Bay)와 한사마켓(Hansa Market) 사이트 운영자들을 체포하고 차단한 적이 있다.

또한 2018년에는 미국과 한국을 포함한 많은 국가의 국제 공조로 대량의 아동·청소년 성착취물을 제공했던 웰컴 투 비디오(Welcome To Video) 운영자인 손정우도 체포되었다.

디지털 성범죄는 가해자들의 처벌이 우선이고 선제적 예방은 후순위로 밀려나기 때문에 유관기관들의 선택과 집중이 한곳으로 모여야만 한다. 조금 더딜지라도 각 국가별 사법기관, 인터넷 서비스 제공기업, 방송통신위원회 등의 유관기관이 힘을 모아 플랫폼 서비스를 관리해 나가고 있으니, 언젠가 모든 디지털 성범죄자들이 쓴 익명의 마스크를 벗겨낼 수 있을 것이라 믿는다.

남은 건 디지털 성범죄 트라우마

음란물 유포자 집중 단속 기간 동안 전담 수사팀과 함께 밤을 세워가며 101명의 피의자를 검거하고 체포했다. 그리고 연천 시골 경찰서에서 혼자 근무하던 시절에는 랜덤 채팅을 통해 성착취물을 유포하겠다는 협박을 한 남성 피의자를 체포했다. 또 몸캠피싱 피해를 당한 군인들이 하루가 멀다 하고 사무실로 찾아와 자신의 성기가 노출된 영상을 들이 밀었다. 그럴 때마다 왜 이 직업을 택했을까, 후회를 하기도 했다.

"먼저 알몸 사진을 요구한 것도 아니고 미성년자인지 성인인지 확인하고 싶어서 받은 겁니다. 상대방이 먼저 촬영해서 보내준 걸 보관하고 있었을 뿐입니다."

포승줄에 묶인 채 사무실로 끌려온 디지털 성범죄자들은 어떻게든 범죄사실을 줄여 보고자 똑같은 변명을 했다. 설사 아동·청소년이 개인적인 보관을 위해 스스로 촬영한 사진이나 영상을 파일로 전송받았다고 하더라도, 성보호에 관한 법률에서는 이러한 제작 과정에 제한을 두고 있지 않다. 즉 피해자가 스스로 촬영한 사진이나 영상을 전송받든 스스로 촬영하도록 해 전송받았든 범죄라는 말이다.

일이라는 것은 적응이 되기 마련인데, 도무지 이 생활에는 적응이 되지 않는다. 늘 그런 불법 촬영물들이 다크웹 등에서 퍼져나갈까 불안 속에서 수사를 한다.

고도의 정신력과 높은 수준의 직업적 철학을 유지하려고 늘 애를 쓰지만, 수년간 반복하다 보니 그것도 쉽지가 않다. 음란물 중독자로부터 압수한 저장 장치에서 발견된 영상 속 두 어린아이의 표정이 몇 년이 지났지만 지워지지 않는다. 두려움에 떨면서 촬영자의 지시대로 성 관계를 하는 두 어린아이의 표정에 내 아이들의 얼굴이 오버랩될 때면 수사관의 냉철함을 잃고 분노하게 된다.

잠시라도 수사를 벗어나 환기해야 했다. 그러면서도 도움이 되는 일을 하고 싶었다. 그래서 2019년에는 사이버 범죄 예방 교육 전담 업무를 맡았다. 비록 혼자서 경기북부관내 사이버 범죄 예방 교육을 책임져야 했지만, 그래도 나에게는 사이버 범죄 업무를 계속하면서 동시에 트라우마로부터 벗어날 수 있는 유일한 대안이었다. 디지털 성범죄 피해자들과 음란물 유포 피의자들을 만날 때면 도대체 내가 어디에 서 있는지 모를 때가 많았는데, 예방 교육 시간만큼은 영혼이 면죄부를 받는 기분이 든다.

비틀린 사이버 자아

미국의 경제학자 토마스 소웰(Thomas Sowell)은 "완전한 진실을 말하는 방법은 익명으로 하거나 유언으로 하거나 둘 중 하나"라고 말했다.(There are only two ways of telling the complete truth. Anonymously and Posthumously.) 평범해 보이는 이들도 랜덤 채팅, 텔레그램(telegram), 디스코드(discord), 트위터(twitter), 텀블러(tumblr)와 같은 해외 SNS 속에서 익명이라는 가면을 쓰자 악마보다 더 악한 본성을 드러냈다.

이들은 온라인 그루밍(Grooming), 가스라이팅(Gaslighting)을 행하며 많은 이들의 인격을 짓밟았다. 포식자들이 제작한 불법 촬영물과 아동·청소년 성착취물은 플랫폼의 혁명과 함께 이제는 웹하드(Web Hard)뿐 아니라 해외 SNS와 메가(mega.nz), 샌드 애니웨어(send-anywhere.com), 팀박스(teamboxcloud.com)와 같은 클라우드 서비스(Cloud Service)를 통해 무차별적으로 퍼져 나가고 있다.

아동과 청소년들이 희생자로 나타나는 창구가 되었던 랜덤 채팅앱을 청소년 유해매체물로 지정하는 등 노력을 취하고 있지만 디지털 성(性)은 우회(bypass)라는 기술적 변이를 이용해 새로운 길을 개척해 나가고 있다. 음란물 유포자 100일 집중 단속 기간 중에 체포한 피의자들 중 미국과 같은 해외 가상 전화번호를 임시로 받을 수 있는 앱을 이용해 회원 가입에 필요한 인증 번호를 수신해 가입하고 있었다. 그리고 종단간 암호화(End to End Encryption, E2EE)* 서비스가 적용되는 이메일 계정과 타인의 사진을 도용해 가입한 피의자들도 많았다.

거기다 익명 포식자들의 세계관은 온라인 게임 속으로까지 침투하고 있다. 청소년들의 게임은 채팅이 가능한 소셜(social) 기능이 기본적으로 탑재되어 있어, 그곳은 쉽게 랜덤 채팅방이 되어버린다. 포식자들은 게임 채팅 중 고가의 블루투스 이어폰을 선착순 무료 나눔 이벤트 등으로 청소년들의 호기심을 자극해 이메일 주소, 비밀번호, SNS 계정 등을 알아낸다. 이메일 주소와 같은 SNS 계정은 중요한 개인정보이기에 타인에게 알려주는 일은 현관문 도어락 비밀번호를 알려주는 것과 같은데, 누구도 이를 알려주지 않았으니 청소년들은 너무나 쉽게 자신들의 정보를 노출한다.

게임을 하다가 SNS 비밀번호를 탈취당한 청소년들은 이 사실이 부모님에게 알려질 것을 두려워하여 포식자들의 말도 안 되는 요구에 응해 나체 상태로 카메라 앞에 서게 되는 것이다. 악순환이다. 청소년들은 이 영상물이 제작된 사실을 부모나 친구에게 감추기 위해 유포되어도 좋다는 선택을 해버린다.

---

* 처음 입력하는 단계부터 최종 수신하는 모든 단계에서 메시지를 평문으로 저장하지 않고 모두 암호화하는 방식을 말한다.

인터넷 공간에서 전염병처럼 퍼지고 있는 사이버 범죄는 희생자가 나타날 때마다 해당 사이트만 폐쇄시키고 접속을 차단하는 방식으로는 박멸할 수 없다. 그래도 희망은 있다. 과거에는 사건 담당자 혼자서 피해자 관리, 성착취물 유포 모니터링 등을 하며 사건을 마무리해야 했지만, 이제는 경기도 디지털성범죄피해자원스톱지원센터* 와 함께 고민하고 있다는 점이다. 거기다 해외 SNS 텀블러(tumblr)가 애플사의 앱스토어(App Store) 시장에서 퇴출되었던 사례를 통해 국내외 여러 서비스 기업들도 조금씩 디지털 성범죄 근절에 동참하고 있다.

과거 '추적단 불꽃'이 쏘아 올린 '피해자들을 외면하지 말아 달라'는 메시지를 우리가 잊지 않는다면, 반드시 범죄와의 전쟁에서 승리할 수 있을 것이라 믿는다.

---

* 경기도 디지털성범죄 방지 및 피해지원에 관한 조례를 입안하여 2021년 1월 디지털성범죄 피해자를 위한 초기 상담부터 피해 촬영물의 확보 및 삭제, 상담기관 연계 등의 업무를 지원하는 공공기관

1장 | 디지털 성범죄

네가 이같이 미지근하여
뜨겁지도 아니하고 차지도 아니하니
내 입에서 너를 토하여 버리리라

So, because you are lukewarm
--neither hot nor cold--
I am about to spit you out of my mouth.

_요한계시록 3장 16절

2장

인터넷 도박

중독이라는 늪

불법 도박 사이트 운영자를 뜻하는 '토사장'. 이들은 플랫폼의 혁명과 함께 떠오르는 신흥 직업군이 되었다. 적은 초기 자본금과 소수의 인력으로도 시작할 수 있는 탓이다. 심지어 이런 불법 도박 사이트는 음란물 및 불법 촬영물을 공급하는 광고업자들과 결탁해 OTT 사업으로까지 진화하고 있다.

사이버수사대와 광수대 형사들까지 뛰어들어 토사장들을 잡아들이고 있지만 역부족이다. 불법 도박 사이트 먹이 사슬의 끝에는 도박 중독자들이 있다. 도박 중독자들의 가정은 빚으로 인해 붕괴되었고, 일상으로 돌아가지 못하는 사람은 목숨을 끊기도 한다.

걱정되는 것은 청소년들까지 불법 도박의 세계로 뛰어들고 있다는 점이다. 마치 사업처럼 여겨지고 있지만 이것은 엄연한 범죄다. 토사장들의 종착지는 구속영장 실질 심사장이 될 것이며 다음과 같은 판결문이 죽도록 따라다닐 것이다.

"불특정 다수의 사람들로 하여금 인터넷 사이트를 통해 용이하게 도박을 할 수 있게 한 점. 사행심을 조장하고 건전한 근로 의식을 저해시켜 그로 인해 사회적 해악이 매우 큼."

사기의 신은 도박 중독자

지옥에서 꺼내줘서 고맙습니다

아이돌 콘서트 티켓 양도 사건

콘서트 VIP 구역 2자리 양도합니다. 자리 좋습니다! 인증 확실하고요. 바로 입금 가능하신 분만 1:1 채팅이나 카톡 아이디 알려 주세요. #EXO #지오디 #신화 #성시경 #콘서트 #양도

콘서트 티켓을 받지 못했다는 신고가 연천 관내 중고등학교 학생들로부터 동시다발적으로 접수되었다. 알고 보니 아이돌 콘서트 티켓을 양도한다는 광고글이 해시태그를 타고 트위터와 페이스북을 중심으로 청소년들에게 빠른 속도로 공유되

고 있었던 것이다.

> 피해자: 혹시 어디 사세요? 직거래 가능한 지역인가 싶어서요.
> 피의자: 사는 지역이 어디신데요?
> 피해자: 저는 경기도 연천이요.
> 피의자: 저는 충남 서산이요.
> 피해자: 으아…멀겠네요.ㅠㅠ

한 피해 학생이 제출한 대화 내역을 보면 피의자가 충남 서산에 살고 있는 것처럼 보이지만 실은 거짓말이다. 직거래를 제안하는 피해자들에게 먼저 사는 지역을 물어 본 후, 멀리 떨어진 지역을 대며 직거래를 유도하는 것이 그들의 수법이다. 그럼에도 직접 찾아가겠다고 하면 출장 등의 핑계를 대면서 계좌 입금을 유도한다. 보통 이쯤 되면 수상함을 느끼지만, 좋아하는 연예인 콘서트 티켓 거래를 할 때는 판단력이 흐려진다. 청소년의 이런 심리를 피의자가 잘 꿰뚫고 있는 것이다.

> 피의자: 구매한다고 해놓고 구매하지 않은 경우도 많아서 보증
>   이 필요합니다.
> 피해자: 그럼 신분증이나 그런 거라도 찍어서 드릴까요?
> 피의자: 집 주소도 함께 보내 주세요.

혹시 도용한 거 보낼까 봐서요.

피해자: 으아! 믿어주셔서 감사해요.

또 다른 학생은 피의자에게 학생증과 집 주소를 넘겨준 상태였다. 이런 경우는 나중에 사기임을 눈치 채고 신고를 하더라도 신분증의 정보를 협박의 도구로 삼을 수 있어 2차 피해가 생길 수 있다.

같은 내용으로 신고가 들어오는 횟수가 늘어나 입금 계좌를 확인해보니 모두 동일 명의였다. 추가 피해자 발생을 막기 위해서라도 해당 계좌를 쓸 수 없게 지급정지라도 하면 좋겠지만, 관련 법률이 없어 그럴 수도 없었다.

보이스 피싱과 같은 '전기통신 금융사기 범죄'에 대해서는 2018년 3월 13일부터 '전기통신 금융사기 피해방지 및 피해금 환급에 관한 특별법'이 시행되면서, 피해금을 송금한 피해자가 직접 돈을 인출하지 못하도록 지급정지를 요청할 수 있다. 하지만 앞서 말한 인터넷 직거래 사기나 조건만남과 같은 성매매 사기, 사설 도박 사이트처럼 재화나 용역의 제공을 가장한 행위는 전기통신 금융사기에 포함되어 있지 않다. 그래서 간혹 직거래 사기 담당 형사들이 피해자를 줄이기 위해 공문을 만들어 은행에 직접 요청하기도 하지만 임시 조치다 보니 은행에서 거부하면 달리 방법이 없다.

계좌 개설지를 비롯해 전국에서 이송 접수된 사건 기록을 확인해보니 누적 피해자 36명, 피해금액 총 700만 원이었다. 하지만 이는 1차로 접수된 기록일 뿐 얼마나 더 많은 피해자가 나올지는 해당 계좌가 살아 있는 한 알 수 없는 일이다.

● 인터넷 직거래 사기 수사

인터넷 직거래 사기 피해 신고가 접수되면 범행에 사용된 통장과 휴대전화 명의자가 실제 피의자인지를 확인하는 게 관건이다. 만약 범행에 사용된 통장과 휴대전화가 대포통장과 대포폰인 경우, 분석해야 할 내용이 많아져 사건이 장기화될 가능성이 크다. 거기다 피해자들이 공동 대응 인터넷 카페라도 만들어 번갈아 전화라도 하면 말 그대로 업무는 마비가 된다. 대개 담당자는 한 명이기 때문이다.

이런 상황에서 사건을 해결하는 열쇠는 최대한 빨리 계좌 거래 내역과 통화 내역을 분석해 실제 피의자를 특정해내는 것뿐이다. 수많은 계좌 거래 내역 중에는 실제 피의자의 인적 사항을 특정해낼 수 있는 단서가, 방대한 통화 내역에는 실제 피의자가 숨어 있는 장소에 대한 단서가 숨어 있다.

만약 피해자들이 입금한 통장의 명의자와 실제 피의자가 동일 인물이라면 바로 주소지를 확인해 검거하면 되지만, 요즘은 주민등록 주소지와 실제 거주지가 다른 경우가 많아 검거가 어려운 경우도 많다. 주소가 다르더라도 가족이나 지인들과 온·오프라인 교류만 있다면 검거할 수 있는 확률이 높아지지만, 대부분의 숨어 다니는 피의자들은 가족들마저 외면하는 경우가 많아 체포나 검거를 하더라도 피해자들과의 합의를 위한 지원을 끊어 버린다. 그래도 위의 경우는 좀 낫다. 인터넷 직거래 사기 사건의 대부분은 통장과 휴대전화 명의자가 실제 피의자와 다른 경우가 많기 때문이다. 통장 명의자가 실제 피의자와 동일 인물이라고 하더라도 대포폰을 사용해 경찰의 추적을 피하는 일도 허다하다.

대포통장, 대포폰을 사용한 경우에는 각 명의자들과 실제 피의자가 공범 관계인지도 확인해야 하기 때문에 기초 수사 단계에서 분석하고 확인할 데이터가 그만큼 많아진다. 남성 피의자의 경우, 여자친구를 범죄에 끌어들여 여자친구 명의로 통장과 휴대전화를 사용하는 경우도 많다.

한 번은 인터넷 직거래 사기 피의자 수사 중 실제 피의자와 통장 명의자는 동일 인물이었지만, 범행에 사용된 전화가 애인으로 추정되는 여성의 명의로 된 대포폰이었다. 피의자는 여러 건의 수배가 걸려 있어 도주 중이었고 통화 내역 분석 중 전곡 한탄강 관광지 내 모텔촌에 장기 투숙하고 있음이 확인되었다. 체포 당일 모텔 지배인의 도움을 받아 형사팀 직원들과 함께 문을 따고 들어가 보니 실제 피의자와 전화 명의자가 함께 투숙하고 있었고 예상대로 그들은 연인 관계였다.

이렇게 함께 검거되는 경우도 있지만, 통장이든 휴대전화든 실제 피의자와 명의자가 다른 경우는 누구를 먼저 검거해야 하는지 그 시기를 정하는 게 중요하다. 동시에 검거되지 않거나 순차적으로 검거하지 못하면 그 정보가 흘러 들어가 더 깊이 숨어버릴 수도 있기 때문이다. 이처럼 인터넷 직거래 사기는 대포통장과 대포폰을 얼마나 많이 확보하는지, 자금 흐름을 추적하지 못하도록 계좌 흐름을 얼마나 잘 비트는지, 자신들의 위치를 얼마나 잘 숨기는지에 그 성패가 달려 있다.

그런데 아이돌 티켓 사기사건은 좀 달랐다. 피의자는 직거래 사기 공식을 거부하고 있었다. 통장과 휴대폰이 모두 본인 명의였으며, 범행에 사용된 나머지 3대의 휴대전화도 가족 명의였다. 심지어 피해자들과 채팅을 하면서 실명과 인적사항을 그대로 공개하고 있었다. 이렇다 보니 체포영장과 압수수색검증영장 그리고 휴대전화 실시간 위치 추적 허가서를 금방 발부 받을 수 있었다. 이제 체포만 남았다.

● 20대 사기의 신

피의자의 주소지가 특정되었다. 분업만 잘 된다면야 2주 안에 처리할 수 있었겠지만, 혼자서 사건을 분석하다 보니 한 달이나 걸렸다. 피의자가 머물고 있는 대전까지 형사팀 송 형사, 경제팀 김 형사와 함께 내려갔다. 우선 통신사에 전화를 걸어 피의자의 실시간 위치 추적 통보를 5분 단위로 변경했다.

피의자는 인근 대학교에 다니는 학생들이 기숙사로 이용하는 5층짜리 다세대 주택 3층에 살고 있었다. 만일 문을 열어 주지 않고 창문으로 도주한다고 하더라도 추격할 자신은 있었다. 김 형사는 삼단봉을 꺼내 만일의 상황에 대비했다. 송 형사는 김 형사 뒤에서, 나는 출입문 옆에서 뛰어 들어갈 준비를 끝낸 후 김 형사에게 문을 두드리라는 신호를 건넸다.

"택배 왔습니다."

요즘은 택배기사가 문을 두드릴 일이 없지만, 당시는 이런 위장이 제법 먹혔다. 하지만 안에서는 김 형사의 노크 소리에 아무 반응이 없었다. 두 번째 노크에도 인기척이 없었다. 피의자 휴대전화 위치는 인근 기지국 위치 값으로 고정되어 있는데 반응이 없으니 도주 가능성도 생각해야 했다. 김 형사가 다시 문을 두드렸다. 그때 안에서 인기척이 들렸다.

문이 열리자마자 김 형사는 삼단봉을 들고 곧바로 안으로 들어갔다. 나와 송 형사도 뒤따라 들어가면서 피의자를 제압했다. 피의자는 문이 열리는 순간, 바로 상황을 인지했는지 저항 없이 우리의 지시에 따랐다. 거실 문을 열고 들어가려는 순간 모두 멈칫했다. 방 한구석에 놓인 침대와 컴퓨터 책상을 제외하고 발 디딜 틈이 없을 정도로 쓰레기가 쌓여 있었기 때문이다. 게다가 그 쓰레기에서 알 수 없는 악취가 나서 숨쉬기도 힘들었다.

피의자의 컴퓨터에서 130명의 피해자와 동시에 채팅을 나눈 대화 내역이 발견되었다. 대화를 나눈 시간을 보니 그는 체포 직전까지 피해자들에게 거짓말을 하고 있었다. 그때까지 체포영장에 기록되어 있는 피해자 수가 36명이었으니, 앞으로 거의 100명의 피해자를 더 찾아야 했다. 카카오톡 대화 목록에서 이미 신고 접수된 피해자의 이름을 발견하고, 지금 피의자를 체포했으니 다른 사람들에게도 알려달라고 했다. 통화가 끝나기 무섭게 피해자 공동대응 인터넷 카페에 피의자를 검거했다는 긴급 공지사항이 올라왔다.

● 지옥에서 꺼내줘서 고맙습니다

피의자는 SNS 광고를 보고 연락한 피해자들에게 간단한 편집 프로그램으로 좌석만 바꿔서 보내주는 방식으로 범행을 저질렀다. 'D 구역 floor 3열 60번' 티켓이라고 하면, D를 B로 덮어쓰는 식의 조잡한 방법이었지만, 청소년들에게 통했다. 편집한 티켓을 재촬영하면 마치 직접 가지고 있는 것처럼 신뢰감을 줄 수 있어 더 이상 의심하지 않았기 때문이다. 그렇게 가로챈 돈은 입금과 동시에 모두 유한회사 법인 명의로 개설된 통장에 입금되고 있었다. 사설 스포츠 토토 도박 사이트였다. 피해자들이 입금한 돈을 도박으로 탕진한 거였다.

피의자는 '인터넷 도박 배당금을 받으면 피해자들에게 돌려주려고 했다'고 말했다. 인터넷 도박 자금이 필요해 사기에 뛰어 들었다는 자백은 처음이었다. 스스로 절제하지 못할 정도로 도박에 병적으로 집착하고 있었다는 자백에 안타까운 마음이 들었다. 그는 친구의 권유로 시작한 인터넷 도박에서 빠져 나올 수 없었고, 학비와 기숙사비까지 지원해주는 부모님에게 차마 돈 달라는 말을 하지 못해 티켓 양도 사기를 도모했다고 했다.

"지옥에서 꺼내줘서 고맙습니다."

수갑을 찬 채 줄곧 고개만 숙이고 있던 피의자는 지옥에서 꺼내줘서 고맙다고 인사를 했다. 진심이 느껴졌다. 오랫동안 빠져나오려고 노력했지만 배당금 때문에 도저히 그만 둘 수 없었다고 한다. 자기 스스로도 지옥임을 알면서도 나오지를 못했으니, 오히려 체포되어 다행이라고 했다.

모든 범죄사실을 인정했지만, 구속영장은 청구해야 한다.

피의자에 대해 구속영장을 청구할 때 우선되어야 할 조건에는 '주거부정'과 '도주 우려' 그리고 '필요적 고려사항'이라는 게 있다. 비록 경찰의 추적을 피하기 위해 이곳저곳을 떠돌아다니지 않았으니 주거부정과 도주 우려가 없다고 하더라도 도박 중독은 구속영장을 청구해야 할 필요적 고려 사유로 충분했다. 도박 중독으로 자금이 필요해지면 대부분 부모님의 돈에 손을 대거나 친구들에게 빌리거나 사채를 끌어 쓰는 경우가 정석인데, 이 과정을 뛰어넘고 곧바로 인터넷 직거래 사기로 돈을 충당하려 했다는 점이 심각하게 여겨졌다. 이미 확보한 증거 자료와 피의자의 자백, 병적 도박으로 재범 위험성이 높다는 필요적 고려 사항을 강조해 구속영장을 청구했고 검찰에서도 나와 의견이 같았는지 법원에 영장을 신청했다.

오전 9시 30분부터 시작되는 평일 영장 실질 심사 당일, 유치장에 수감되어 있는 피의자를 법원으로 데려가기 전에 신체검사도 해야 하고 준비할 서류도 많아 평소보다 일찍 출근해야 한다. 더군다나 연천에는 자체 운영하는 유치장이 없어 차로 1시간 거리에 떨어져 있는 포천 경찰서 유치장에서 피의자를 꺼내와 다시 1시간 정도 떨어진 의정부 지방법원으로 가야 해서 새벽부터 준비해야 한다.

피의자는 며칠째 유치장에 수감되어 있던 터라 제대로 씻지도 못한 상태로 포승줄에 묶여 법원으로 향했다. 그는 차 안에서 고개를 숙인 채 아무 말이 없었다. 10여 분 남짓 주어지는 국선 변호인과의 면담에서 어떻게든 합의를 위해 노력하겠다, 라고 변명이라도 할 법한데 범죄사실만 인정할 뿐이었다.

국선 변호인과의 짧은 면담을 마치고 법정으로 들어서는 피의자는 포승줄에 묶인 두 손을 심하게 떨었다. 이 모든 상황이 처음이니 겁이 나는 건 당연하다. 확인하라고 건네준 구속영장 범죄사실 서류는 읽어보지도 않은 채 쥐고만 있었다. 그는 내게 이번에 들어가면 나올 때 도박은 끊고 나오겠다고 말했다.

교도소 내에 도박 중독 교화 프로그램이 있는지는 모르겠지만 구속영장 실질 심사 법정에 들어가기 직전 담당 형사에게 고백하듯이 건네는 말에는 진심이 담겨 있다. 특히 전과가 없는 경우는 더욱 진실성이 느껴진다. 처음 체포되었을 때 그 마음 그대로 진술하면 된다고 걱정하지 말라는 말밖에 해줄 게 없었다. 법원 서기관이 우리를 호명했고, 나는 피의자를 묶고 있는 포승줄과 수갑을 풀어준 후 법정으로 함께 들어갔다. 판사가 실질 심사를 하는 동안 사건 담당자에게 질문하는 일은 거의 없기 때문에 나는 항상 맨 뒷좌석 출입문 쪽에 앉아 피의자의 얼굴을 보면서 대답하는 표정을 읽으려고 한다. 20여 분의 영장 실질 심사 동안 단 한 번도 고개를 들지 못하고 모든 범죄사실을 인정했다. 그리고 그 날 늦은 오후 구속영장은 발부되었다.

사건 송치* 후 피의자 가족들을 불렀다. 100명이 넘는 전국의 피해자를 찾아다니며 개별적으로 합의하기는 불가능하니, 변호사를 선임해 피해자들에게 피해 금액을 환불해준다면 법원에서도 참작이 가능할 거라고 제안했다. 며칠 후 변호사 선임계가 접수되었다.

나는 급히 인터넷 직거래 사기 피해자 공동 대응 사이트인 더치트(thecheat.co.kr)에 추가 피해자를 찾는 공지사항을 띄웠다. 추가로 접수된 피해자들로부터 계좌 입금 내역서, 피의자와 주고받은 문자 내역과 증거 자료를 간단하게 작성할 수 있는 진술서와 함께 이메일로 접수해 추가 범죄 일람표를 만들었다. 비록 개별 합의서는 작성하지 못했지만, 범죄 일람표를 변호사 사무실에 전달해 피해자들에게 환불해주는 방법이 피해 변제를 위한 최선의 노력이라고 생각했다. 한 달 동안 아이돌 그룹 에이전시가 된 것처럼 전화가 폭증했지만 청소년들에게 법은 절대 멀지 않는다는 걸 느끼게 해주고 싶었다. 돈을 돌려받고 나서 피의자가 체포된 순간보다 더 기뻐했던 학생들

---

* 사건 담당자가 만든 수사 서류 모두를 검찰로 보내는 단계를 송치(送致)라고 한다. 경찰에서 송치된 사건 서류는 검사에게 배당되고, 서류를 검토해 추가 조사가 필요 없다고 판단되면 서류로만 심사해 법원에 벌금형과 같이 형을 구형해달라는 과정을 거치는데 이를 '약식 기소'라고 부른다. 범죄사실에 다툼이 있거나 구속 사건의 경우는 법정에서 정식 재판을 열게 되며 이 과정은 '구공판 기소'라고 부른다.

로부터 감사 인사를 받는 순간만큼은 사건에 대한 스트레스가
사라진다. 그래서 몇 년째 초등학생과 중고등학생 들의 장래
희망 순위를 보면 늘 상위에 랭크되는 게 경찰관인가 보다.

● 무서운 중독

사건을 송치한 지 2년이 다 되어가는 어느 날, 사무실로 전
화가 걸려왔다. 아이돌 가수 콘서트 티켓 직거래 사기 피해자
들이 많이 발생하고 있는데 계좌 명의자가 일전에 체포한 피
의자와 동일 인물인 것 같다는 제보였다. 전화를 받는 순간 곧
바로 트위터를 검색했다.

"#방탄소년단 #방탄콘 #콘서트"

트위터 계정은 얼마든지 새로 만들면 되기 때문에 동일 인
물인지 바로 확인할 수 없어 피해자들로부터 입금한 계좌 명
의자를 전달 받았다. 2년 전 피해자들로부터 입금 받았던 은
행만 변경되었을 뿐 피의자가 분명했다. 구속 송치 후 피해자
들에게 금액을 변제했으니 최종 구형은 길게 나오지 않았거나
어쩌면 집행 유예로 나왔을 가능성도 충분했다. 그는 구속 수
감되어 있는 동안 도박 중독 치료를 받지 못한 게 틀림없다. 사
건 서류 송치 당시 기록해둔 가족 연락처를 찾아 전화를 걸었
다. 다시는 사건 담당자의 목소리를 듣고 싶지 않겠지만 피의
자와 통화하고 싶다고 전화번호를 알려 달라고 했다.

몇 년 만에 담당 형사인 내 목소리를 다시 들은 피의자는 아무 말이 없었다. 그리고 자기가 그런 게 맞다고 자백했다. 도박을 끊지 못해 다시 손을 댔다는 말에 화가 나 고함을 질렀다. 그렇지만 이 피의자에게 필요한 것은 '치료'였다. 이제는 가족만의 노력으로는 회복이 어렵다. 도박은 이처럼 중독성이 강해 전문기관의 도움이 없이는 결코 일상으로 돌아올 수 없다.

도박 사이트 수사는 탑-다운(Top-Down) 방식이나 다운-업(Down-Up) 방식으로 접근한다. 탑-다운 방식은 도박 사이트 먹이사슬 중에 최고 포식자에 자리하고 있는 사이트 운영자들과 총책을 체포한 뒤 사이트 운영에 가담한 피의자들을 체포하고 베팅한 행위자들까지 내려가는 방식이다. 다운-업 방식은 도박 사이트 행위자들부터 수사를 시작해 사이트 운영자와 총책들을 검거하는, 밑에서 위로 올라가는 방식이다.

탑-다운 방식에서는 사이트 운영자들 검거가 먼저 이루어지다 보니 대부분 현장에서 대포통장, 대포폰 등이 무더기로 쏟아져 나오는 경우가 많다. 실질적으로 도박 사이트 운영에 사용되었던 통장이 발견되었으니 회원 명단을 확보하는 게 쉬워진다. 이 방식은 운영자들을 동시에 체포하고 통장 관리책·홍보책 등 각 역할별로 범죄사실을 분리해 구속영장을 청구해야 하기 때문에 지방청 사이버 수사대와 같이 어느 정도 인원이 확보되어야 사건에 뛰어들 수 있다.

다운-업 방식은 도박 사이트에 베팅한 회원들이 입금한 계좌와 사이트 정보를 바탕으로 수사를 시작하는데 위로 올라갈수록 분석해야 할 자료들이 많아지고 그만큼 많은 시간이 필요하다. 인터넷 직거래 사기 피의자 체포 후 범행에 사용된 통장에 도박 사이트 자금 환전 거래 내역이 발견된다든지 보이스 피싱 인출책을 체포하고 보니 도박 사이트 자금 환전책으로 발견되는 경우가 많아 형사들이 수사를 시작할 때 사용하는 방식이다. 다만 경찰서는 매일같이 피해자와 민원인으로부터 사건이 접수되기 때문에 도박 사이트 수사를 하기 위해서는 전담 팀원을 구성해 임시로 사건을 배당받지 않도록 한다든지 최소 인원만 남겨두고 전원 도박 사이트 수사에 매달려야 가능하다.

수사 방식이야 어떻든 핵심은 도박 사이트 운영자들과 운영 장소를 특정하는 것이다. 또 운영자들을 특정했다 하더라도 대부분 원룸과 오피스텔 같은 곳을 임대해 교대 근무를 하면서 운영장으로 사용하기 때문에 장소를 알아야만 자료와 증거물 확보가 가능하고 다음 단계로 나아갈 수 있다.

그러나 도박 사이트를 완전히 박멸시키는 건 어려운 일이다. 도박 사이트는 1년 365일 24시간 돌아간다. 불법 유해 매체로 신고되거나 모니터링 되어 차단된다고 하더라도 도메인주소(DNS: Domain Name Service)만 변경하면 금방 되살아나기 때문이다. 경찰에 사무실이 발각되거나 서버가 뜯기지 않는 이상 도박 사이트는 좀비처럼 살아난다.

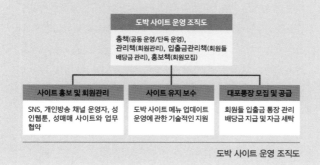

도박 사이트 운영 조직도

동네 선후배, 토사장을 꿈꾸다

도박 중독자들의 피를 빨아먹고 사는 사람들

범죄모의를 목격하다

하루는 점심시간에 친구에게 전화가 걸려왔다. 여의도에서 회사를 다니는 친구는 평소에도 유달리 경찰 수사 업무에 관심이 많았다. 친구가 어느 날 회사 동료들과 밥을 먹고 있는데 옆 테이블에서 4명의 남성이 범죄에 관련된 이야기를 나누는 걸 들었다고 했다. 사이트 개발이 가능한 개발자 섭외, 통장 모집 관련 이야기, 오피스텔 명의 문제 등 대화의 정황으로 보아 도박 사이트 창업을 모의하고 있는 것 같다는 게 친구의 주장이었다. 도박 사이트 개설을 준비하고 있는 예비 토사장을 현장에서 체포할 수 있으리라는 생각으로 제보해준 친구의 마음은 고마우나 도박 사이트 창업을 모의했다고 해도 살인처럼 예비·음모죄가 적용되지 않기 때문에 처벌이 불가하다.

친구의 제보뿐만이 아니다. 사실 유사한 내용의 제보가 최근 상당히 늘었다. 특히 내부 공모자가 공익 제보자로 전향하는 경우 등 신뢰할 수 있는 제보도 상당수다. 이런 경우 제보자는 신분이 노출되는 상황을 극도로 두려워하기 때문에 내사 단계부터 모두 익명으로 진행한다. 하지만 제보자의 진술만으로 수사를 시작할 단서나 증거가 부족할 수도 있기 때문에 제일 먼저 풍부한 단서들을 채취해내기 위해서 반드시 제보자를 만나야 한다.

1주일간 제보자와 비공개 장소에서 만나 면담을 하면서 설득 끝에 사무실로 찾아오게 했다. 도박 사이트 관련자들을 체포하거나 소환해 본격적인 조사가 시작되면 사무실 밖에는 관련된 놈들이 번갈아 대기하면서 수사 상황을 실시간으로 퍼날라 공유한다. 그래서 수사의 시작 단계에서만 접촉하고 추가 조사가 필요하다면 절대 공개된 장소에서 만나지 않는다.

여기서 중요한 것은 '신고의 의도'다. 신고 포상금을 받기 위해 찾아오는 단순 제보는 정보가 부족해서 금방 바닥이 드러난다. 하지만 경쟁 업체를 죽이기 위해 제보자로 위장해 나타나는 경우는 정보의 양도 많고 밀도는 높지만 수사의 공정성이 흔들릴 수가 있다. 이런 경우 잘못하면 사냥개 역할을 할 수 있기 때문에 제보자의 의도를 파악하는 게 중요하다.

● 도박 사이트의 치열한 경쟁

제보가 늘었다는 것은 도박 사이트가 늘었다는 증거이기도 하다. 도박 사이트의 수가 폭증하면서 업체들끼리 경쟁이 심해졌다. 경쟁 업체 간 회원들이 일시적으로 사이트에 접속하지 못하도록 디도스 공격*을 감행하고 도박 베팅 계좌를 사용하지 못하도록 묶어 버리기도 한다. 혈관과도 같은 베팅 계좌를 묶어 버리면 서비스를 이용할 수 없게 된 기존 회원들까지 신고하여 경쟁자를 제거할 수 있는 것이다. 그래서 보이스 피싱 피해자들로 하여금 의도적으로 경쟁 도박 사이트 베팅 계좌에 피해금액을 입금하도록 유도하기도 한다. 전화대출사기와 같은 보이스 피싱 피해자들이 금액을 이체하게 되면 피해자가 직접 계좌를 지급 정지할 수 있는 법적인 근거가 마련되기 때문에 이 점을 노린 것이다.

지급 정지된 계좌를 다시 풀기 위해서는 처음 신고한 피해자가 다시 풀어주거나 계좌 명의자가 법원 허가서 내지는 판결문을 들이밀면서 은행 측에 풀어달라고 요청해야 한다. 하

---

*   DDoS: Distributed Denial of Service Attack, 서비스 거부 공격

안녕하세요.
회원님들에게 보다 안전한 이용과 서비스 제공을 위해 안내 말씀드립니다.
현 시간 이후 악의적인 **보이스 피싱 금액** 입금으로 인한
피해를 최소화하기 위해 **가입 시 등록하신 본인 명의의 계좌로**
입금하실 것을 안내드리며, 등록된 계좌를 제외한 **타 명의 입금과**
예금주명 변경하신 다른 계좌를 이용한 입금은
처리가 불가능함을 알려드립니다.

확인되지 않는 계좌로 입금 시 불이익이 발생할 수 있는 점, 주의 부탁드리며,
해당 부분 숙지하셔서 이용에 참고 부탁드립니다.

위 내용에 대한 자세한 사항 및 궁금하신 점은
저희 고객센터로 문의하시기 바랍니다.

자세한 사항은 **고객센터**를 통해 문의하여 주시기 바랍니다.   ✓ **고객센터문의하기**

오늘 팝업 열지 않기 | × 닫기

보이스 피싱 금액 입금 방지를 위한 불법 도박 사이트 공지 내용

지만 피해자는 금액이 환수되지 않는 이상 지급 정지를 해지
하지 않을 테고 통장 명의자들 또한 인터넷 도박 계좌로 사용
되었다고 스스로 처벌해달라는 꼴이니 절대 제 발로 경찰서를
찾아가지 않는다. 이러니 베팅 계좌를 묶어버리는 게 가장 효
과적으로 경쟁 업체의 업무를 마비시킬 수 있는 방법으로 사
용되는 것이다. 상황이 이렇다 보니 보이스 피싱 금액을 입금
하지 못하도록 회원 계좌 실명제를 도입하는 곳들이 많다.

동네 선후배, 강원도 혁신 도시에서 스타트업을 꿈꾸다

애플(Apple) 창업자 스티브 잡스와 스티브 워즈니악, 페이팔(PayPal) 창업자 일론 머스크와 피터 틸, 구글(Google) 창업자 래리 페이지와 세르게이 브린 등 혁신의 아이콘으로 대변되는 IT 기업의 신화를 살펴보면 창업가에게는 모두 소울 파트너가 있었다.

2013년, 각종 혁신도시가 유치되고 부동산 사업이 호황을 누리던 강원도의 한 시골 마을에도 혁신을 꿈꾸는 남자가 있었다. 변두리 부동산 사무실에서 일하던 박용민(가명)이다. 그는 지루한 일상에서 벗어나고 싶어 했다. 그러다 인근 부동산 사무실에서 근무하던 동네 후배 이성진(가명)에게 토토로 돈 좀 벌어보자는 제안을 했다.

당시 그 지역은 혁신도시가 유치되면서 부동산 사업이 호황을 누릴 것 같았지만 이들에게는 해당 사항이 없었다. 박용민은 10년째 부동산 사무실에서 일하고는 있지만 보조 수준이었다. 공인 중개사인 친누나가 사무실을 운영하며 전반적인 중개 업무를 진행했기 때문이다. 그러니 지역 개발 호재로 거래 물량이 많아진다고 해서 자신에게 직접적인 이익이 되는 건 아니었다. 후배 이성진의 상황은 더 좋지 않았다. 사무실이 폐업을 하면서 부동산 보조 업무 일자리마저 잃게 되었기 때문이다.

이성진은 권리금을 주고 도박 사이트를 넘겨받은 박용민의 제안을 거절하지 못했다. 박용민은 지역 내에 구축된 인적 네트워킹이 좋아 자신이 거절하면 다른 이를 금방 구할 수 있을 거라고 생각했기 때문이다. 자신이 빠지면 결국 다른 누군가가 수익을 가져갈 것이라는 생각에 박용민의 소울 메이트가 되기로 결심했다. 그렇게 동네 선후배는 '토사장'이 되어 돈을 벌겠다는 꿈을 구체화시켰다.

이들은 사이트 이름을 '스타(st-911.com)'로 지었다. 이름과 달리 시작은 초라했다. 적어도 공유형 오피스 정도에서는 시작했어야 '구글스러운' 분위기를 조금이라도 낼 수 있었을 텐데 이들은 조그만 원룸에 책상 하나, 컴퓨터 2대, 모니터 4대를 두고 시작했다.

박용민은 사이트 상태를 점검하기 위해 수시로 설계자와 통화를 했다. 접속은 잘 되는지 다른 경쟁 업체로부터 공격이 들어오지는 않았는지 주기적으로 설계자와 통화하는 모습을 지켜보던 이성진은 그에게 신뢰를 갖게 되었다. 거기다 숙식을 해결할 수 있는 곳도 필요했던 터라 이성진은 박용민에게 본격적으로 업무를 배우기 시작했다.

사실 스포츠 도박 사이트를 운영하는 데 도박의 원리까지 이해하고 공부할 필요는 없다. 충전과 환전, 스포츠 경기 결과를 입력하는 업무만 배우면 사업에 투입될 수 있다. 경기 결과는 네임드(named.com)나 라이브스코어(livescore)에서 결과를 가져와 입력만 하면 되었고, 충전과 환전만 착오 없이 처리하면 나머지는 모두 순이익으로 가져갈 수 있었다.

하지만 반드시 필요한 게 하나 있었다. 바로 회원들의 베팅 금액을 충전하고 환전하는 데 쓸 '입출금 전용 계좌'다. 사업 초기라 대포통장 공급책과 업무 협약을 체결할 수 있는 처지는 아니었다. 휴대전화 명의, 도박장으로 사용하는 원룸 계약 명의 심지어 충·환전 통장마저도 후배의 실명으로 개설해 사용하기 시작했다.

박용민은 회원을 끌어들이는 데 남다른 능력을 보였다. 지역 토박이 출신에 부동산 사무실에서 일하면서 알게 된 지인들에게 바이럴(Viral) 마케팅을 하면서 회원들을 끌어모았다. 시작할 당시 회원 수가 20명 정도에 지나지 않았지만 꾸준히 늘어나기 시작했다. 그리고 가입한 회원들은 이미 단골 고객이었기 때문에 하루 평균 베팅 금액이 몇 백만 원에 달할 정도로 충성도가 높았다.

토토는 승·무·패를 맞히는 적중률에 따라 배당금을 받기 때문에 사이트 운영자들의 주작은 불가능하다. 그래서 매달 고정적으로 나가는 사이트 유지비와 월급을 주고 순이익을 늘리기 위해서는 더 많은 회원이 필요했다. 처음 두 달간은 수익이 거의 나지 않았지만 회원은 꾸준히 늘어났다. 그리고 이성진은 매달 말일 200만 원씩 꼬박꼬박 정산을 받았기에 그에게 이만큼 안정적인 직업도 없었다.

몇 달간 홍보와 마케팅에 집중하면서 고정 수입이 늘었고 더 넓은 사무실이 필요했다. 사이트 설계자는 정기적으로 사무실을 옮길 것을 제안했고 원룸에서 넓은 오피스텔로 이전하면서 새로운 멤버도 영입했다. 모두 동네 선후배라는 인적 네트워킹으로 선발한 멤버였다.

● 동네 스타트업에서 그들만의 유니콘 기업으로

새로 영입된 멤버들은 라이브스코어(livescore)와 같이 영향력 있는 시장에 홍보를 하기 위해 대량의 계정을 매입해 회원들에게 개별적으로 홍보하는 등 각자의 업무를 맡으며 사업을 확장시켰다. 설계자 박용민은 자신의 존재를 드러내지 않고 호칭도 가명으로 부르며 사업 회의나 미팅도 전화로 하거나 대리인을 통해 만나도록 하는 등 철저하게 뒤에서만 움직였다.

이전한 사무실에서 2년간 사이트를 운영하면서 회원은 50명으로 늘었고 일평균 베팅 금액은 800만 원에 육박했다. 50명의 회원이 일평균 800만 원을 베팅하게 되면 월평균 2억 4천만 원의 금액이 도박 계좌를 통해 흘러 나간다. 회원들의 배

2장 | 인터넷 도박

당률에 따른 금액을 환전해 주더라도 월 2천만 원 정도의 순수익이 생기면서 우량 중소기업만큼은 아니더라도 동종 업계 블루칩은 될 거라는 확신이 들었다.

2년간 월 천만 원대의 수익을 가져다주었던 '스타' 사이트에 대한 대대적인 재정비가 필요했다. 대대적인 재정비는 다시 한 번 사무실 이전부터 시작했다. 살 곳이 필요했던 이성진은 사무실을 이전할 때마다 주거를 함께 해결했기 때문에 본인의 이름으로 월세를 계약했다. 그리고 사이트 이름은 '스타'를 유지하면서 실질적인 주소는 'st-911.com'에서 'tt-911.com'으로 변경했다.

사이트 주소 변경은 설계자의 지시를 따라야만 한다. 기존 주소만 입력하면 자동 연결되기 때문에 사이트 주소가 변경된다고 해서 회원들에게 별도로 안내 문자를 보낼 필요는 없다. 사무실을 이전할 때마다 기존의 멤버들은 그만두고 새로운 멤버들이 들어왔지만, 박용민과 이성진은 최고 운영자와 부사장의 직책을 계속 유지했다.

철저하게 회원들 간 추천제로 신규 멤버를 모집하는 방식을 고수한 덕분인지 꾸준히 가입률이 증가했다. 그리고 무엇보다 한번 가입한 회원들은 '스타' 사이트가 성장할 수 있는 밑거름이 되었다. 2017년 5월 대폭적인 사이트 리모델링과 멤버 교체를 하며 60평이 넘는 대형 아파트로 사무실을 이전하게 된다. 새로운 멤버 2명을 영입하면서 4명이 운영하던 '스타' 도박 사이트는 말 그대로 떠오르는 별이 되었다. 충성 회원의 연결로 회원이 늘어나면서 월평균 총 입금금액이 2억 원, 평균 순수익만 6천만 원에 이르렀다. 사이트 메뉴도 축구, 야구, 농구와 같은 스포츠 경기 외에 실시간 바카라, e게임과 같이 다양한 스포츠 경기 메뉴로 확장하면서 그야말로 전성기를 누렸다.

박용민은 이성진의 월급은 큰 폭으로 인상해주고 나머지 멤버들에게도 나름 직급에 맞는 대우를 해주었다. 이성진은 5,800만 원짜리 벤츠를 월 130만 원 5년 리스로 과감하게 질렀다. 그리고 팔자에 없던 골프도 치러 다녔다. 박용민은 부동산 근무 시절부터 알고 지내던 단란주점 여사장과 월 2회가량 마카오로 해외여행을 다녀왔다. 결혼도 했고 자녀도 있었지만 한 달에 한 번 명품백을 사주면서 남편의 소임을 다했다고 생각했기에 산업 연수라는 핑계로 내연녀와 함께 마카오에서 도박으로 돈을 탕진했다. 지출이 늘어나니 수익 배분에 대해 불만이 생겨났다. 최고 경영자를 제외한 3명의 멤버는 3:3:3으로 수익을 나누는 공정한 구조로 합의를 봤다. 하지만 이런 호화스러운 생활도 끝을 향해 달려가고 있었다. 수익 배분에만 눈이 멀어있던 운영자들이 간과한 아주 작은 문제가 있었기 때문이다.

● 토사장 검거 작전

사이트 운영장 최종 답사를 마치고 본격적인 검거 계획을 세웠다. 지방청 사이버 수사대 모든 인원이 투입되다 보니 각 팀별로 명확하게 임무를 부여해야 할 검거 계획서가 필요했다. 팀별로 체포해야 할 피의자 명단과 체포 장소 그리고 압수 수색할 장소 등을 기록한 세부 계획서를 작성해 배부했다.

사전 답사로 확보한 도박 사이트 운영장에는 피의자 대부분이 모여 있겠지만 체포 직후에는 반드시 집을 압수수색해야 한다. 간혹 사이트 운영장이 아닌 집에 안전 금고를 설치해 현금 다발을 보관하는 경우가 있기 때문이다. 메인 사건 처리팀인 우리 팀과 지원팀은 운영장에 밀고 들어가 현장에서 피의자들을 체포하면서 압수수색을 진행하고 나머지 한 팀은 '스타' 도박 사이트의 창업자이자 이번 사건의 핵심 총책 박용민의 주거지를 먼저 압수수색하고 체포 현장에 합류하는 계획서를 만들었다.

체포 당일, 사무실에서 출발한 지 3시간 만에 지하 주차장에 먼저 도착해 잠복 중이던 팀으로부터 체포 소식이 들려왔다. 이어서 체포팀은 출근하던 피의자와 자연스럽게 운영장으로 올라가 나머지를 체포하고 동시에 한 팀은 사이트 총 책임자 주소지 압수수색에 들어갔다. 현장 도착 후 35분 만에 팀원을 전원 체포했다. 운영장에서 압수한 컴퓨터 본체와 서류들을 택배 기사들이 사용하는 카트에 담아 포승줄에 묶인 피의자들과 함께 사무실로 압송했다.

체포되는 순간부터 피의자들은 서로 얼굴을 마주할 기회를 줘선 안 된다. 입을 맞출 수 있기 때문이다. 그렇게 되면 앞으로 마저 검거해야 할 피의자들에게 순식간에 소식이 공유될 수 있다. 특히 총책과 관리 책임자는 반드시 분리해서 조사해야 한다.

총책인 박영민은 사무실 옆 진술 녹화실에서 다른 형사가 조사를 했고, 나는 총책의 소울 파트너 이성진을 조사했다. 총책은 체포 직후, 사무실로 복귀하는 차 안에서 사건 담당자에게 자백을 한 터라 그 형사가 조사하는 게 훨씬 효율적이라고 판단했기 때문이다.

'스타'는 2013년 1월 1일부터 2018년 2월 2일까지 운영되었다. 2명에서 시작한 작은 도박 사이트는 6년 동안 13명이 넘는 선후배들을 끌어들여 100여 명의 회원을 관리하고 있었다. 총 10개의 통장에서 6년간 180억이 입금되었고 피의자들이 순수익으로 챙겨간 금액은 15억 원에 달했다. 특이하게 박용민은 최종 수익금을 자신의 통장으로 가져가면서 동시에 내연녀 명의의 통장에 고정적으로 송금했다. 그 돈은 모두 마카오 타이파에서 도박으로 탕진했다. 토사장들은 대부분 도박으로 벌어들인 돈을 저축하지 않고 금고에 현금으로 보관하거나 고급 외제차를 사거나 도박으로 다 써버린다. 이는 몰수보전[*]과 추징 때문이다.

　6년간 '스타'의 회원들은 전부 충성 고객이었다. 대부분 같은 마을 동네 선후배들이 고객으로, 사이트의 성장과 함께 VIP 고객이 되었다. 베팅 금액을 확인해보니 10만 원에서 시작해 200만 원으로 늘어난 회원이 대부분이었다. 이 정도면 한 마을 전체가 도박 중독 상태라고 해도 과언이 아니었다. 그렇게 한 마을을 도박 중독에 빠뜨린 '스타'의 토사장들. 하지만 그들의 종착지는 '의정부 지방법원 8호 법정 구속영장 실질 심사장'이 되었다. 영장 실질 심사 전날 총책 박영민은 혼자 살아남겠다고 아내를 통해 변호사 선임계를 제출했지만 모두 공평하게 구속되었다.

---

[*]　몰수할 대상인 불법 수익을 미리 처분하지 못하도록 하는 사전보전 절차로 검찰 측 청구를 법원이 받아들여 결정된다.(출처: 네이버 지식백과)

바이러스처럼 퍼져나가는 불법 도박

어느 날, 한 대학생이 사무실을 찾아왔다. 제보자는 친구가 도박을 끊을 수 있는 방법은 경찰에 신고하는 길밖에 없다고 말했다. 중고등학교 동창인 친구가 체육 특기생으로 대학교에 입학하면서부터 도박에 빠져들었다고 진술했다. 제보자는 몇 개월간 이어진 친구와의 대화 내역을 제출했다.

대학생 제보자가 제출한 친구와의 대화 내역 일부

제보자는 처음 친구가 2,700만 원이라는 큰돈이 들어왔다며 보여줬을 때는 믿지 않다가 통장 입금 내역이 너무 많아 통장이 잠겨버렸으니 2만 원만 빌려달라는 친구의 부탁을 받고 도박 중독이 심각한 단계에 이르렀음을 직감했다. 제보자는 진심으로 도박의 늪에 빠져 있는 친구를 구해주고 싶어 했다.

그가 제보한 내용과 입금 계좌 내역을 바탕으로 압수수색영장을 발부받아 계좌 거래 내역을 들여다봤다. 2015년 11월부터 2017년 6월까지 256회에 걸쳐 3천 4백여만 원이 유한회사 통장으로 입금되고 있었다.

처음 도박을 시작한 시기도 제보자의 진술과 일치했다. 대학생은 특성상 친구들과 함께 도박을 하기 때문에 같은 학교에 재학 중인 친구들과의 거래 내역도 발견되었다. 추가로 발견된 도박 행위자들은 모두 체육학과에 재학 중이었으며 기숙사 생활을 하고 있었다. 거래 횟수나 금액으로 보아 모두 이미 도박 중독자의 길로 접어들었다고 판단되어 출석요구서를 발송했다.

사무실로 출석한 피의자들은 도박을 끊고 싶었지만 제대로 된 관심과 도움을 받을 수 있는 곳을 찾을 수 없었다며 후회했다. 훈련이 끝나면 친구들과 기숙사에서 승·무·패를 예측하는 스포츠 도박과 사다리 게임에 수천만 원을 베팅했다고 자백했다. 이제 그들에게 남은 건 가족과 친구들로부터 빌린 돈을 변제해야 하는 현실과 도박을 끊는 일뿐이다.

최근에는 이런 상황이 군대에서도 발생하고 있다. 2019년 5월 국방부

장관이 군에 입영하는 장병들에게 휴대전화를 전면 자율화했기 때문이다. 휴대전화 자율화의 장점도 물론 있다. 그러나 집단 내에서 한 명이라도 도박 중독자가 있는 경우 전염되기가 쉬워 위험하다. 또 군의 특성상 잠재되어 있던 승부욕과 경쟁이 불붙는 경우가 많아 더욱 도박에 빠져들 확률이 높아진다. 더군다나 군 장병들의 정신 교육과 생활 지도를 담당하는 간부들이 불법 도박에 대한 정보력이 없으면 조기 개입도 어렵기 때문에 도박을 근절하기 힘들다.

전 세계 스포츠 경기뿐만 아니라 e-스포츠, 그래프 게임, 달팽이 레이싱 게임, F/X 마진 게임까지 온갖 종류의 게임이 인터넷 도박 아이템이다. 이제 늘어나는 도박 사이트 숫자를 경찰의 단속이 따라 갈 수 없는 수준이 되었다. 지금이라도 도박 중독의 심각성을 깊이 깨닫고 한국도박문제관리센터와 같은 공공기관이 더욱 힘을 발휘해야 한다. 또한 쉽게 돈을 벌 수 있다는 주변의 속삭임에 어린 친구들이 넘어가지 않도록 예방 교육도 부지런히 실천해야 할 것이다.

발전하는 불법 도박 사이트

회원 정보, 알파이자 오메가

도박 사이트 운영에 가담한 조직원들은 돌아서면 적이 된
다. 그렇다면 적의 적은 친구가 될 수 있다고 생각할지 모르지
만 결코 그렇지 않다. 또 다른 적일뿐이다. 이들은 경쟁 업체
를 죽이고자 경찰에게 공익 제보자로 위장해 접근한다. 아무
리 이들이 공익 제보자의 탈을 쓰고 제 발로 경찰이나 국민체
육진흥공단을 찾아온다고 해도 그들과 오월동주(吳越同舟)의
관계를 맺을 수는 없다.

세상에서 가장 악질적인 인간들이 모여 있는 곳을 뽑으라

면 나는 불법 도박 사이트 운영장이라고 자신 있게 말할 수 있다. 그들은 서로가 머리에 총구를 겨눈 채 서 있는 멕시칸 스탠드오프(Mexican Standoff)* 대치 상황에서 매일 불안하게 살아가는 인간쓰레기들이다. 개별적인 불법이 모여 하나의 불법 조직을 만들다 보니 서로가 서로를 언제 배신할지 모른다는 불신이 깊게 깔려 있다. 경쟁 도박 사이트 업체에서 제의가 들어오거나 독립해서 사이트를 차리는 경우가 많기 때문이다. 그런 상황이 되면 절대 그냥 나가지 않는다. 고객 정보가 곧 수입원이기에 고객 데이터만큼은 꼭 챙긴다. 상황이 이렇다 보니 도박 사이트 세계에서는 영화 〈무간도〉에서처럼 상대 사이트 운영장에 미리 포섭한 조직원을 보내 감시하는 상황이 실제로 일어난다.

회원 정보는 경찰에게도 중요하다. 사이트별로 회원들의 베팅과 환전에 사용된 통장을 확인해 기소할 운영자들의 범죄 수익금을 정하고 회원 중 입건할 피의자를 선별하기 위해서는 반드시 회원정보가 필요하다. 그래서 운영장을 급습하면 현장을 제압하고 가장 먼저 고객 데이터와 회계 관리 프로그램을 확보한다.

---

* 포커 게임에서 같은 가치를 가진 두 핸드의 어떤 상태를 말한다. 또는 많은 돈을 이기지도 지지도 않고 갬블링 게임을 그만둔 게임자의 상황을 묘사하는 말이다.

● 광고 대행 에이전시의 등장

사행성 감독위원회에 따르면 2017년 8월부터 2018년 1월까지 6개월간 신고된 불법 도박 사이트 개수가 4,565개라고 한다. 이처럼 최근 도박 사이트가 늘어나면서 회원 수가 줄어들자 운영자들은 고민에 빠졌다. 그래서 토사장들은 가입자를 늘리기 위해 도박과 궁합이 잘 맞는 콘텐츠 공급자를 찾아나섰고, 이 과정에서 등장한 것이 광고 대행 에이전시다. 고객 확보를 위한 새로운 비즈니스 모델로 도박 사이트와 에이전시 간 업무 협약이 이루어진 것이다.

불법 콘텐츠 간 업무 협약은 일전에도 경험해본 적 있다. 가장 대표적인 협업 사례가 가짜 뉴스(Fake News)와 가상 화폐 시장이다. 가짜 뉴스는 가상화폐 시장과 가장 궁합이 잘 맞다. 사기꾼들은 급격하게 가상화폐 지수를 올리는 일명 '떡상질'을 하는 데 가짜 뉴스를 이용한다.

비트코인을 비롯한 가상화폐 열풍이 국내에 상륙하면서 한동안 코인 투자사기 피해 신고가 접수되었다. 당시에는 가상 화폐 투자 및 사기꾼의 수법에 대해 아는 바가 없어 공부를 해야만 했다. 정보 수집을 위해 '엔젤 투자자'라고 불리는 초기 투자자들을 교육하는 장소가 의정부에 있다는 사실을 알아내 회사원인 척 들어가 1달가량 교육을 받았다.

블록체인 선두주자 S코인 한국 상륙. 국내 최초 가상화폐 거래소 상장 예정

해외에서 개발 중인 S코인사가 국내 가상화폐 거래소 상장을 앞두고 있으니 서둘러 구매해야 한다는 뉴스가 바이럴 마케팅 방식으로 퍼져 나가던 때였다. 적어도 국내 어느 업체와 공식 계약을 체결했는지 상장 예정인 국내 거래소를 확인한 후 투자 여부를 결정하는 게 순서일 테지만 그들은 무조건 서둘러야 한다고 부추겼다.

예고된 국내 거래소 상장일이 다가오자 각 지역 '[공식] S코인 지부장'이라는 사람들이 카카오톡 오픈 채팅방과 텔레그램 대화방을 개설해 국내에 배포되는 수량이 한정될 것으로 예상되니 구매를 서둘러야 한다는 가짜 뉴스를 생산해내기 시작했다.

모니터링을 위해 처음 가입할 당시의 채팅방 회원 수는 500명이었으나 상장일이 다가오자 700명으로 급격히 늘어났다. 여기에 처음 낱장 광고 형식으로 유포되던 정보는 한국 상륙을 앞두고 있다는 인터넷 뉴스 기사까지 가세하면서 국내 거래소 상장은 이미 기정사실화 되어 있었다. 하지만 상장 당일 국내 거래소에서는 아무런 변화가 일어나지 않았다. 국내 거래소가 아닌 해외 거래소에 기습 상장이 되었고 이어서 단

톡방과 텔레그램 방들은 차례대로 폭파되었다. 전부 가짜 뉴스였다. 펌핑(pumping)*을 이용해 차익을 챙기는 데 가짜 뉴스를 이용한 것이다. 검증이 안 된 가짜 뉴스를 생산하는 세력과 이들에게 힘을 실어주는 인터넷 뉴스 기사, 그리고 이를 퍼나를 수 있는 SNS와 미디어는 회원 가입을 늘리는 데 효과적인 낚시 도구였다. 거기다 광고 대행 에이전시는 도박 사이트 운영자들에게 음란물과 성인 콘텐츠 광고를 제공하면서 회원 수를 끌어올리는 데 한몫을 한다.

● 도박 사이트의 악어새, 광고 대행 에이전시 급습

한 제보자로부터 광고 대행업으로 돈을 쓸어 담고 있는 업체에 대한 정보를 받았다.

#야동 #바카라 #우리카지노 #사다리 #스포츠토토 #실시간야동 #무료야동 #국산야동

정보를 바탕으로 조사해보니, 해당 업체는 트위터에 음란물 관련 해시태그를 달아 사이트에 접속하도록 유도하고 있었다. 사이트에는 음란물 외에도 성인용 웹툰, 조건만남, 성매매,

———————————

* 코인 가격이 급등하는 현상을 의미하는 은어

유흥업소 정보 등이 도박 사이트와 함께 홍보되고 있었다.

중간 에이전시 체포 시에는 현장을 급습하는 동시에 살아 있는 데이터를 확보하는 게 중요하다. 때문에 자연스럽게 진입해야 한다. 도박 사이트 운영자들이나 불법 촬영물 유포자들은 문을 강제 개방하고 진입하면, 체포 직전까지 하드디스크를 훼손하기 때문에 시간을 줘서는 안 된다.

이번 체포는 아파트 관리소의 협조를 받아 피의자 스스로 문을 여는 방법을 쓰기로 했다. 관리실에서 전원을 차단해 전화가 걸려오면 그때 문 밖에서 대기하던 검거조가 시간차를 두고 관리 사무소 직원으로 가장해 진입하기로 한 것이다. 예상대로 관리실에서 전원을 내리자 곧바로 피의자에게 전화가 걸려왔다. 그리고 5분 뒤 벨을 눌렀다. 문이 열리자마자 일제히 밀고 들어가 피의자에게 수갑을 채우고 압수수색에 들어갔다. 안방에는 개인 보관용 금고가 있었지만 이미 비어 있었고 거실에는 족히 백여 개가 넘어 보이는 고가의 운동화가 박스에 담긴 채 쌓여 있었다.

압송된 피의자는 모든 범죄사실을 인정했다. 그는 분양금 350만 원과 서버 관리비 150만 원을 매달 지불하여 음란물 사이트를 분양 받은 후, 이를 또 다른 도박 사이트 업자에게 돈을 받고 홍보를 대행해주는 방식으로 돈을 벌고 있었다. 도박 사이트뿐만 아니라 성인용품, 카지노, 실시간 바카라 사이트도 함께 홍보하고 있어 매달 광고비용으로만 4~500만 원의 돈이 고정적으로 입금되고 있었다. 또 2개의 유한회사 통장과 3개의 개인명의 대포통장을 전문 공급자로부터 공급받아 도박 사이트 자금을 세탁하고, 환전한 대가로 추가 수익도 벌어들이고 있었다. 도박 사이트를 분양해준 상선과 대포통장 공급책들과는 해외 메신저 스카이프(skype)와 텔레그램(telegram)으로만 대화를 하면서 중간에 누군가 검거되더라도 서로를 신고하지 못하도록 철저하게 비대면 방식으로 비즈니스를 하고 있었다. 압수한 피의자의 컴퓨터를 분석하던 중 '계획서'로 저장된 문서가 발견되었다. 피의자의 포부가 담겨 있는 일종의 사업 계획서였다.

지금 운영하고 있는 광고 사이트에 추가로 유흥 사이트를 오픈할 예정입니다. 주 수입은 광고비를 받는 게 목적입니다. 최대한 빨리 자리 잡아서 업계 최고가 되도록 하겠습니다.

장래 희망이 '온라인 보도방 업주'라니, 참담한 현실이다. 압수한 피의자의 컴퓨터에는 거의 거래 장부 수준으로 다양한 파일이 보관되어 있었다. 홍보 사이트가 불법·유해 사이트로 신고되어 차단되었을 경우를 대비해 변경할 도메인 주소 목록과 관리자 아이디, 비밀번호가 기록된 파일도 발견되었다. 그리고 제일 중요한 홍보 계약을 체결한 도박·음란물 사이트 주소 목록, 광고료 정산주기와 방식을 기록한 VIP 리스트 파일 등 이쪽 세계를 들여다볼 수 있는 자료들도 고스란히 보관되어 있었다.

피의자는 뻔뻔하게 자신은 도박 사이트 운영자들에게만 비즈니스를 했기 때문에 큰 범죄를 저지른 게 아니라고 말했다. 도박 사이트와 업무 협약을 맺은 광고 대행 에이전시 때문에 불법 콘텐츠를 접하는 연령대가 청소년으로 낮아졌지만 끝까지 반성하지 않았다.

토쟁이*, 토사장, 광고 대행 에이전시로 이어지는 도박 사이트의 먹이 사슬에서 결국 피해를 보는 것은 사무실, 직장, 집, 군부대, 학교에서 베팅을 하며 도박 중독자의 길로 걸어 들어가는 일반인들뿐이다.

---

* 스포츠 도박 '토토'와 '-쟁이'의 합성어. 비합법적 스포츠 도박에 중독된 이들을 뜻한다.

인터넷 도박, 남는 건 도박 중독뿐

도박 사이트가 넘쳐나면서 회원 모집을 위한 업체 간 경쟁이 심화되고 있다. 이 일환으로 광고 대행 에이전시들과의 업무 협약을 통해 넷플릭스처럼 OTT 플랫폼화를 서두르고 있는데, 이 때문에 자극적인 콘텐츠를 접하는 연령대가 낮아지면서 청소년들까지 도박 중독의 늪에 빠지고 있다.

불법 도박 사이트는 특별 단속 기간 없이 상시 체제로 단속을 하고 있고, 도박 전담팀을 창설해 가면서 운영자들을 체포하고 있지만 경찰의 단속만으로는 해마다 도박 사이트 개설의 상승 그래프를 하향 곡선으로 바꾸지 못한다.

그래도 다행인 것은 전국 14개의 지역센터를 두고 있는 한국도박문제관리센터에서도 치유와 재활에 집중을 하고 있다는 점이다. 2018년 한 해 동안 센터에서 상담을 받은 인원은 3만 6천여 명이다.

(단위: 명)

구분	2018 상담 이용 연인원				
	상담 이용 연인원 총계(일산방담 + 등록상담)				
	전화	내소	인터넷	방문	소계
본인	2,696	18,890	77	318	21,948
가족/지인	4,538	9,751	20	57	14,366
기타	88	36	-	8	132
소계	7,322	28,677	64	383	36,446

도박문제관리센터 이용 현황

표를 보면 가족과 지인을 통한 상담 이용 건수가 본인 상담 건수보다 높다는 점을 알 수 있다. 이는 도박이 가족 구성원들에게도 큰 고통이 되고 있다는 뜻이다. 실제로 사무실에 근무하다 보면 도박 문제로 당사자에게 과도한 채무가 발생하면서 가족들까지 함께 변제의 고통에 빠지는 것을 많이 본다. 거기다 최근에는 도박 사이트 운영자들이 플랫폼화를 시도하면서 피해 연령이 점차 낮아지고 있다.

2013년도부터 사이버 범죄 수사업무를 하면서 느끼는 것은 해가 갈수록 피해의 사각지대가 넓어지고 있다는 점이다. 초등학생이 몸캠 피싱 피해를 당하고, 도박 사이트 운영자들이 청소년의 휴대전화 번호와 카카오톡 계정을 매입하는 등 부모의 정보력 부재로 피해자들의 연령대가 점점 낮아지고 있다는 게 안타깝다.

이런 사각지대를 조금이나마 줄여보고자 사이버 범죄 예방 교육을 할 수 있는 기회가 있다면 어디든 찾아다녔다. 특히 2019년 군부대 스마트폰 자율화 이후 한 해 동안 경기 북부권 1군단, 7군단 예하 군부대 30여 곳을 돌아다니면서 8,590명의 군장교와 장병을 대상으로 인터넷 도박을 포함한 사이버 범죄 예방 교육을 진행했다. 군부대는 장병들의 스마트폰 자율화가 본격적으로 시행되기 전부터 직업 군인들의 피해가 접수되어 오랫동안 예방 교육을 나가고 있었다.

2019년 12월 치안정책연구소가 주관한 사이버 범죄 예방활동 효과 측정 및 개선방안 보고서를 보면 사이버 범죄 예방 교육 활동의 필요성을 잘 설명하고 있다.

기관	소재	남자	여자	전체
CH중	춘천	19(54.3%)	16(45.7%)	35(100%)
B초	대전	47(52.2%)	43(47.8%)	90(100%)
S중	인천	636(51.6%)	525(48.4%)	1161(100%)
K연구소	충청북도	15(75.0%)	5(25.0%)	20(100%)
P군부대	경기도	64(100%)	-(0.0%)	64(100%)
합계		636(54.8%)	525(45.2%)	1161(100%)

사이버 범죄 예방 교육 설문응답자 통계_기관별 남녀 분포 [*]

이 보고서에서 주목할 점은 전체 응답자의 대다수를 차지하는 연령대가 초등학생, 중학생으로 분포되어 있는 만큼 이 시기가 사이버 범죄 예방 교육이 가장 중요한 때라고 볼 수 있다. 이 시기에 인터넷 불법 도박의 위험성과 같은 사이버 범죄 예방 교육을 한 번도 접하지 않는다면 사이버 범죄 피해를 입을 확률이 높다.

(무응답: 69명)

감소효과 예측	빈도(명)	분포(%)
효과 있음	749	68.6
보통	319	29.2
효과 없음	24	2.2
전체	1092	100.0

사이버 범죄 예방 교육 사후 만족도_사이버 범죄 감소효과 예측

또한 사이버 범죄 예방 교육의 사후 만족도 설문에는 응답자의 68.6%가 효과가 있다고 답했다. 이런 후기만 보아도 예방 교육을 멈출 수 없다는 생각이 강하게 든다. 사이버 범죄는 예방 교육이 어떤 대안보다도 확실한 해결책이 될 수 있다.

---

[*] 치안정책연구소. 사이버 범죄 예방활동 효과성 측정 및 개선방안 보고서. 2019.12.

도박 사이트 춘추전국시대

평균 나이 28세의 토사장

먹튀 검증 사이트

　회원들의 베팅금액을 입금 받고 사이트를 폐쇄해버리는 소위 '먹튀 사이트'가 늘어나자 인터넷 도박업계에서도 공식 인증된 사이트를 추천해주는 검증 시스템을 도입했다. 그래봤자 회원 숫자를 늘리기 위한 비즈니스 모델일 뿐 결국 불법이다.

먹튀 검증 사이트. 안전한 놀이터 보장

　도박 사이트의 공급이 수요를 넘어서자 도박 사이트 운영자들은 더 많은 회원을 끌어들이기 위해 차별화된 전략으로 '검증'이라는 단어를 쓴다. 도박 사이트가 늘어나는 만큼 '한 번 고객은 영원한 고객'이라는 공식을 깨고 이탈하는 회원이 늘어나기 때문에 이런 홍보 전략이 필요할 수밖에 없다.

대개의 도박 사이트는 광고 대행 에이전시와 제휴를 맺고 음란물 사이트나 조건만남 사이트를 광고하는데, 우리의 레이더에 잡힌 한 도박 사이트에는 직접 게시물을 업로드하고 있었다. 총 516페이지 4,531건의 사진과 영상물 중 '도촬 시리즈', '전 여친 몰카 시리즈' 등의 불법 촬영물 그리고 '서양 어린애'라는 제목의 아동·청소년 성착취물도 게시되어 있었다. 이들에게는 불법 촬영물도 성착취물도 그저 회원을 끌어들이기 위한 홍보물일 뿐이었던 것이다.

기초 조사가 마무리될 즈음 본격적으로 운영장을 특정하기 위해 수원 영통구 일대 오피스텔과 인근 부동산 사무실을 탐문하며 돌아다녔다. 이들은 부동산 사무실에 3개월 단위로 계약을 하고 기간이 만료되기 몇 주 전 사전 고지 없이 저녁에 짐을 빼고 나간 뒤 마지막 임대료를 송금하는 방식의 행동 패턴을 보이고 있었다. 옮겨 다니는 오피스텔 평수와 보증금 없이 단기 월세로만 계약하고 경찰의 추적이 들어온다 싶으면 계약기간 만료와 상관없이 장소를 이동하는 상황으로 볼 때 최소 7명에서 10여 명 단위로 움직이고 있는 게 분명했다.

수사가 3개월째로 접어들 무렵, 도박 사이트 운영 장소가 특정되었다. 피의자들을 체포하면서 컴퓨터에 저장되어 있는 회원 정보와 돈세탁에 사용되는 대포통장을 동시에 확보하는 것이 도박 사이트 수사의 핵심이다. 이번 운영자들도 다세대가 밀집해 있는 오피스텔을 이용하고 있었다. 검거해야 할 인원수가 많은 만큼 팀원들 모두 계좌 분석에 많은 시간을 할애했다.

도박 사이트 회원들이 베팅 계좌인 앞 계좌*로 돈을 입금하면 중간 계좌로 옮겨 충전금액 내지는 포인트로 환전해준다. 이때 중간 계좌가 3,000 ~ 4,000만 원으로 일정 금액에 도달하면 세탁 계좌로 N차례 이체가 되면서 마지막 뒷 계좌로 모은 다음 최종 현금화되는 과정을 거치고 있었다.

계좌 거래 내역을 분석할 때, 특히 자금이 모였다가 분산되는 계좌에 주목하는데 이런 계좌를 거점 계좌라고 부른다. 거점 계좌에서 그물망처럼 퍼져 나가는 계좌 거래내역과 동시에 통화 내역을 같이 분석하면 핵심 단서를 찾을 수 있다. 피의자들은 총 3개의 도박 사이트를 운영하고 있었고 매주 검증된

---

* 회원들이 베팅 금액으로 돈을 입금하는 최초 계좌를 '앞 계좌', 회원들이 입금한 돈을 충전 금액으로 환전해주는 계좌를 '중간 계좌', 중간 계좌에서 경찰의 추적을 따돌리기 위해 N차례 이체하는 계좌를 '세탁 계좌', 세탁 계좌를 거쳐 출금용으로 쓰는 계좌를 '뒷 계좌'라고 한다.

안전한 놀이터를 순위별로 추천해주는 사이트까지 대량으로 발견되었다. 또한 베팅 계좌, 중간 계좌, 세탁 계좌, 뒷 계좌의 용도로 총 10개의 대포통장을 사용하고 있었다. 기초수사 3개월 만에 체포해야 할 피의자들과 머물고 있는 장소가 특정되었다.

● 평균 나이 28세의 토사장 전원 체포

피의자들의 인적사항이 특정되면 위치 추척도 함께 병행하기 때문에 체포 전에 누적된 이동 동선으로 생활 패턴을 파악할 수 있다. 체포는 일몰 후에 시작하기로 했다. 체포 당일에도 피의자들은 동일한 패턴으로 움직이고 있어 저녁이 최적의 시간이 될 듯했기 때문이다.

이번에는 체포인원이 많은 만큼 사이버 수사대 모든 직원과 더불어 현장에서 중요 디지털 증거를 선별해서 압수하기 위해 디지털 포렌식(Digital Forensic)* 전문 분석 요원 2명도 동행했다.

목적지는 수원시 영통구다. 대형 오피스텔 3개동이 연결돼 있는 주상 복합형 건물에 세대수가 많고 미로 같은 구조라

---

* PC나 노트북, 휴대폰 등 각종 저장매체 또는 인터넷 상에 남아 있는 각종 디지털 정보를 분석해 범죄 단서를 찾는 수사 기법이다.(출처: 네이버 지식백과)

정확하게 호수를 찾지 못하면 시간이 지체될 수도 있었다. 피의자들이 있는 곳은 5층이었다. 10여 명의 체포조는 5층과 6층 사이 계단실에서 대기하다 문이 열리면 곧바로 치고 들어갈 준비를 했다. 나는 관리실로 들어가 CCTV를 모니터링하면서 피의자들이 도착하면 자연스레 입주민인처럼 움직일 예정이었다.

피의자들의 이동 위치가 오피스텔로 잡혔고, 대화방에 피의자들이 도착했다는 메시지가 올라왔다. 이미 수차례 피의자들의 사진을 보면서 얼굴을 입력했지만, 다시 한 번 사진을 확인했다. CCTV를 통해 지하 주차장에서 나오는 피의자들의 얼굴을 확인하고 관리실에서 나와 입주민처럼 엘리베이터를 기다렸다. 피의자들은 회식을 했는지 술에 취해 있었다. 엘리베이터 문이 열렸고 나는 피의자들과 함께 탑승했다. 그들이 5층 버튼을 누를 걸 알고 있었기에 나는 6층을 눌렀다.

5층에서 피의자들이 내린 후 6층에서 급하게 뛰어 내려갔다. 문을 열고 들어갈 때 함께 들어가야 하기 때문이다. 계단에서 대기하던 팀이 피의자들이 문을 열고 들어가는 순간에 맞춰 제압했고 나도 함께 안으로 들어갔다. 마침내 피의자 6명이 나란히 포승줄에 묶여 체포되는 순간이 연출되었다.

피의자들의 스마트폰을 압수해 거실 식탁에 올려놓고 포스트잇에 이름을 써 붙여두었다. 현장 지원을 나온 디지털 포렌식 분석관들은 곧바로 관리자 아이디를 확보해 회원정보와 수익 정산 자료 등 웬만한 데이터를 모두 확보했다. 피의자들로부터 고객들이 베팅한 금액을 충전하고 환전해주는 작업장이 6층에 따로 있다는 자백을 받고, 팀원이 포승줄에 묶여 있던 총책을 앞세워 6층으로 올라갔다. 함께 올라간 지 10여 분 만에 환전책을 긴급체포해 내려왔다.

긴급체포된 환전책은 직업 군인으로 근무하다 도박으로 징계를 받았다고 한다. 도박과 음주운전 징계는 진급이 불가능하다. 때문에 그는 전역 후 주점에서 웨이터로 일하면서 생계를 이어가던 중 피의자를 알게 되어 숙식 제공에 월 200만 원을 보장하는 근로 조건에 끌려 여기까지 왔다고 진술했다. 환전책의 근무 시간은 평일 오후 2시부터 다음날 새벽 2시까지였다. 회원들이 금액을 베팅하면 입금한 금액별로 포인트를 충전해주고 실시간 스포츠 경기 결과를 알려주는 사이트에서 결과를 가져와 자동 배당 프로그램에 입력해 결과에 따라 환전을 해주는 핵심 업무를 맡고 있었다.

그렇게 먹튀 검증 사이트 운영자 모두를 체포했다. 체포 현장에서 압수한 물품은 PC 10대, 대포폰 30여 대 그리고 대포 통장 20개와 체크카드, OTP 기기다. 체포된 피의자들의 평균 나이는 28세였다.

● 기업으로 진화하는 불법 도박 사이트

이들은 1년 동안 4곳의 오피스텔을 이동하면서 3개의 도박 사이트를 운영했다. 확인해 보니 많게는 140명에서 적게는 84명까지 하루에 평균 100명의 회원이 도박 사이트에 접속해 평균 2천여만 원의 금액을 베팅하고 있었다. 운영 기간 동안 사이트별로 각각 6억 3천만 원, 2억 9천만 원, 2억 4천만 원의 수익이 발생했다. 3개의 도박 사이트 중 특히 아동·청소년 성착취물과 불법 촬영물을 게시해 홍보하고 있는 사이트의 수익률이 높았다. 이 모든 증거 자료가 범죄사실로 입증되어 구속영장과 함께 청구되었고 피의자는 모두 구속되었다.

최근 청소년들에게 라이브스코어(livescore) 회원 가입을 위한 인증번호를 개당 3~5천 원에 매입하는 광고가 SNS상에서 많이 퍼지고 있다. 청소년들은 휴대전화 번호로 수신된 인증번호만을 넘겨주면 개당 가격을 매겨서 준다는 말에 쉽게 현혹된다. 이것이 도박 사이트 홍보 수단이 될 줄은 상상도 못했을 것이다. 청소년들의 휴대전화 번호와 SNS 계정까지 대량으로 매입해 도박 사이트를 홍보하고 있으니, 아무래도 세상에서 가장 나쁜 인간들이 모여 있는 곳은 도박 사이트 운영장이 아닌가 싶다. 최고 관리자를 잡으면 해결되는 게 아니냐는 질문을 받기도 하는데, 사실은 그렇지도 않다. 도박 사이트 총책들을 조사하다 보면 늘 지역 총판을 관리하는 '전국 단위 책임자'에 대한 소문을 듣는다. 하지만 가명으로 알려져 있어 실체가 확인된 바는 없다. 거기다 인터넷 도박 사이트 운영자들은 모두 점 조직으로 운영하면서 서로가 지역 총판이라고 자청하는 경우가 많다. 결국 도박 사이트 시장의 먹이 사슬 가장 위에 자리 잡고 있는 포식자는 사실상 없는 것이다.

도박문제 자가점검

도박에 심각하게 중독된 이들을 돕기 위해 설립된 기관이 있다. 바로 '한국도박문제관리센터'다. 한국도박문제관리센터는 사행산업통합감독위원회법에 따라 예방·치유를 위한 상담·교육·홍보 및 관련 프로그램을 개발하는 업무를 맡고 있다.

2015년 경기도 고양시에 경기북부센터가 개설되었고 전국에 15개 센터*를 운영하고 있다. 이 센터는 사행산업자가 납부하는 중독예방치유부담금으로 운영되는 공공기관이기 때문에 치료에 비용이 들지 않는다. 필요한 건 도박에 대한 증상을 진단받고 과정을 끝까지 완수하겠다는 '마음'이다. 도박 중독은 가족들에게도 극심한 고통을 안겨주기 때문에 조기 개입을 하지 않으면, 앞서 본 피의자처럼 도박 중독의 피해자면서 동시에 2차 가해자가 된다.

아래는 한국도박문제관리센터에서 제공하고 있는 성인 도박문제 자가점검표**다. 혹 도박 중독 증상이 의심된다면 점검해보면 좋겠다.

---

*   서울·경기북부·경기남부·인천·강원·대전충남·대구·경북·경남·광주전남·부산울산·세종충북·제주·전북·정선에 도박문제회복센터를 운영중 (2021년 기준)
**   CPGI: Canadian Problem Gambling Index. 캐나다 문제도박 지침.(출처: 한국도박문제관리센터, 도박문제 자가진단표, https://netline. kcgp.or.kr/selfHelp/selfDiagnosis/selfTableUserDiagnosis. do?menuId=106049)

지난 1년 기준 / 없음(0점). 가끔(1점). 때때로(2점). 거의 항상(3점)

1. 귀하는 도박에서 잃어도 크게 상관없는 금액 이상으로 도박을 한 적이 있습니까?

2. 귀하는 도박에서 이전과 같은 흥분감을 느끼기 위해 더 많은 돈을 걸어야 했습니까?

3. 귀하는 도박으로 잃은 돈을 만회하기 위해 다른 날 다시 도박을 하신 적이 있습니까?

4. 귀하는 도박자금을 마련하기 위해 돈을 빌리거나 무엇인가를 한 적이 있습니까?

5. 귀하는 도박으로 인해 스트레스나 불안 등을 포함한 어떤 건강상의 문제를 겪은 적이 있습니까?

6. 귀하는 사실 여부에 상관없이 다른 사람들로부터 도박 행위를 비난받거나 도박문제가 있다는 얘기를 들은 적이 있습니까?

7. 귀하는 도박행위로 인해 본인이나 가정에 재정적인 문제가 발생한 적이 있습니까?

8. 귀하는 자신의 도박하는 방식이나 도박을 해서 발생한 일에 대해 죄책감을 느낀 적이 있습니까?

※ 자세한 결과는 사이트 참조

불법 도박 사이트의 급성장

미국 경제 전문지 〈포춘〉(Fortune)은 매년 매출액 기준 미국 최대 기업 500곳과 글로벌 최대 기업 500곳을 선정해 '포춘 500'으로 발표한다. 그리고 미래 시장을 선도할 유망 기업 50곳을 선정해 'The Future 50'을 발표하는데 2018년에는 네이버가 선정된 바 있다. 스타트업(startup)이 유니콘 기업으로 성장하는 성공 신화는 이제 미국 실리콘밸리에서만 일어나는 일이 아니다. 하지만 스타트업이 성장하고 생존하려면 훌륭한 비즈니스 모델이 있어야 하고, 끊임없이 차별화된 마케팅 전략을 구사해 새로운 시장을 개척해야 한다.

인터넷 도박 시장도 이런 분위기를 따라 무섭게 성장하고 있다. 필리핀에서 게이밍 라이센스를 발급받은 '이스트 인더스트리 그룹 리미티드(East Industries Group Limited)'라는 회사는 도박 사이트 '벳이스트(BETEAST)'를 운영하고 있다. 벳이스트는 영국 축구 리그 EFL(England Football League) 챔피언십에 참여하고 있는 영국 웨일스 프로 축구 클럽 '스완지시티(Swansea City AFC)'의 공식 스폰서이기도 했다. 해외 도박 사이트가 축구 구단을 후원할 만큼 막대한 돈을 벌어들이고 있다니 놀랍다. 이 기업이 IT 스타트업으로 분류만 된다면 포춘 500 혹은 'The Future 50'에 진입할 날도 얼마 남지 않은 듯하다. 물론 인터넷 도박 시장도 IT를 기반으로 구축되는 생태계가 맞다. 하지만 사설 스포츠 도박 사이트 운영자들을 체포하면서 알게 된 것은 그들에게 혁신의 아이콘은 없고 오로지 수익창출을 위한 비즈니스 모델만 있었다는 점이다. 또한 모든 게 불법이었다.

국내에서 불법 도박 사이트는 '사설 스포츠 토토'라는 명칭으로 불린다. 1900년대 초 축구 종주국인 영국에서 합법적인 스포츠 베팅 사업 상품을 발행했고, 이것이 이탈리아로 넘어가면서 토토 칼치오(ToTo Calcio)로 브랜드화되었다. '토토(ToTo)'라는 이름은 여기에서 생겨났다. 우리나라에는 2001년 국민체육진흥공단에서 체육진흥투표권의 브랜드 명칭으로 '스포츠 토토(Sports ToTo)'를 공식으로 도입하면서 정착되었다. 도박이라고 해서 모두 불법은 아니다. 〈사행산업통합감독위원회법〉에 따라 경마·복권·카지노·경륜·경정·체육진흥투표권(스포츠토토)·청도 소싸움은 합법적인 사행 행위로 허용하고 있다. 또한 스포츠와 사행 행위를 관장하는 주무 부처의 허가와 국민체육진흥공단으로부터 위탁과 수탁을 받으면 합법적인 온라인 스포츠·도박 사이트를 개설할 수 있다.

그럼에도 불법 도박 사이트 시장은 줄어들지 않고 점차 기업화되고 있다. 더 많은 돈을 벌기 위함이다. 자체 개발한 차별화된 게임으로 고객들을 모집하는 홍보책, 도박 사이트 운영에서 혈액 순환과 같은 역할을 하는 대포통장과 대포폰 전문 수급책 그리고 이들을 관리하는 중간 관리책과 총책까지. 치밀한 분업으로 이들은 스타트업을 뛰어넘는 수익을 얻고 있다.

앞서 보았듯, 문제는 도박 사이트 공급자들과 음란물·성인 웹툰·불법 촬영물·성착취물을 공급하는 광고 대행 업자들이 협력하고 있다는 데 있다. 거기다 이제는 불법 도박 사이트들이 넷플릭스와 같은 OTT 사업에까지 손을 뻗고 있다. 이들이 양지로 나와 거대한 조직이 된다면 미래의 청소년들은 '토사장'을 마치 대단한 직업으로 착각하고 장래희망 직업군으로 삼게 될지도 모른다.

그대가 이 숲속을 벗어나고 싶다면 다른 길을 택하여야 할 것이다. 그 짐승들은 본성이 사악하고 해로운 것이어서 사람들을 지나지 못하게 할 뿐만 아니라 그 길을 방해하며 끝내는 잡아먹을 것이다. 그 천성이 본래는 흉악하고 잔인하며 항상 피에 굶주려 먹어도 먹어도 만족을 모르고, 먹기 전보다 먹고 난 뒤에 더 허기져 하는 놈이다.

_단테 알리기에리(Dante Alighieri), 《신곡》 중 지옥편, 서상원 옮김, 스타북스 역간

3장

해킹

진화하는 1.5%의 사이버 범죄

"한국은 이 범죄를 감당할 수 없습니다."

한국을 거점으로 최소 3개국 이상을 경유해 해킹 공격을 시도하던 라이베리아·카메룬 국적의 피의자들이 마지막으로 나에게 던진 말이다. 1년 8개월간 수사를 하면서 국내에 잠입해 있는 해킹 조직원들의 실체를 확인했다. 해킹 조직원들은 해외 기업으로부터 빼돌린 돈을 국내로 송금하면서 범죄를 완성시키고 있었다. 또한 영어·불어·지역 토착어에 한국어까지, 언어라는 완벽한 공격 도구도 가지고 있었다. 이런 해킹 조직이 평균 1.5%밖에 안 되는 범죄를 전 세계로 확장시키고 있다.

바야흐로 전 세계 오픈마켓 시장에서 이메일만으로 무역 거래가 가능한 시대다. 해킹 조직원들은 개인과 기업의 이메일을 호시탐탐 노린다. 이메일을 해킹해 개인과 기업의 정보를 들여다보고 탈취할 수 있는 뒷문을 만들기 위함이다. 이렇게 빼낸 정보는 기업과 무역회사로부터 자금을 갈취하는 치명적인 무기가 된다. 피해를 입은 기업들은 심하면 자금 수복의 어려움과 경영 악화로 파산에 이르게 된다.

3장에서는 이와 같이 거시적으로 진행되는 해킹 범죄와 우리 생활 속으로 들어와 있는 해킹 범죄에 대한 이야기를 풀어보고자 한다.

생활 밀착형 해킹 범죄

남자친구에게 배운 휴대폰 해킹 기술

만둣집에 나타난 사기꾼

한 만둣집 사장이 휴대전화 소액결제 사기를 당했다고 신고를 해왔다. 피의자는 노란 단발머리에 작고 왜소한 젊은 여성이라고 했다. 여성은 막 영업을 시작할 시간에 맞춰 가게로 들어와 만두를 주문했고, 사장은 재료 준비를 하던 중이라 시간이 좀 걸릴 거라고 말했다. 여성은 괜찮다며 만두 두 상자를 포장 주문했다. 그러더니 무슨 만두를 시킬 건지 엄마에게 물어봐야 할 것 같은데 휴대폰을 가지고 오지 않았다면서 카운터에 있는 휴대폰을 가리키며 사용해도 되냐고 물었다. 아침부터 선한 얼굴을 가진 여자가 설마 휴대폰으로 무슨 짓을 할리 없다고 생각한 사장은 패턴을 풀어 건네주었다. 그리고 주방에서 가족과 함께 먹을 만두를 정성껏 만들기 시작했다.

여성이 주문한 음식을 가지고 간 후, 사장은 휴대폰이 사라진 것을 깨달았다. 여기저기 가게 안을 뒤지다 남녀 공용 화장실의 변기 수조 뚜껑 위에 올려진 휴대폰을 발견했다. 자동차를 허락받지 않고 잠시 운전한 뒤 돌려 놓으면 사용절도*로 처벌할 수 있지만, 휴대폰은 사용절도가 적용되지 않는다. 즉, 이것만으로는 죄가 성립되지 않는다는 말이다.

만두 주문 전 전화를 걸었다고 했으니 발신 내역은 남아 있겠다 싶어 통화 내역을 확인해 보려는데 휴대폰이 이상했다. 웬만하면 패턴이나 비밀번호를 걸어 놓는데 모든 게 지워져 공장 초기화된 상태였다. 통신사에 확인해보니 소액 결제된 내역이 있었다.

그리고 이것이 끝이 아니었다. 이날부터 하루가 멀다 하고 자영업자들로부터 신고가 들어왔다. 전곡 파출소 20m 앞에 있던 세탁소 사장부터 버스터미널 앞 조그만 치킨가게까지 전곡 시내가 쑥대밭이 되어 버렸다. 피해자는 모두 스마트폰 사용이 익숙지 않은, 나이가 지긋한 분들이었다. 치킨 가게 사장

---

* 使用竊盜: 일시 사용할 목적으로 타인의 재물을 자기의 점유에 옮겨 사용하는 행위

님은 닭을 튀기는 동안 잠시 휴대전화를 빌려달라는 피의자에게 별 의심 없이 휴대전화를 빌려줬다고 했다. 세탁소 사장님은 세탁물을 가지고 나간 뒤 휴대전화가 없어진 걸 확인하고 다른 장소에서 찾았다고 진술했다. 상황으로 볼 때 치킨 가게에서는 휴대전화를 빌린 사이에 소액 결제를 하고 세탁소에서는 몰래 휴대전화를 들고 나와서 소액 결제를 한 것 같았다. 주변 상황을 잘 이용하고 있는 듯했다. 치킨 가게 내부는 테이블이 많지 않고 포장 손님이 많다 보니 휴대전화를 몰래 들고 나가면 쉽게 발각이 될 것이고 세탁소는 상대적으로 장소가 조금 넓다 보니 세탁물을 맡기고 돌아가면서 주인의 눈을 피해 휴대전화를 들고 나간 뒤 결제를 한 것이다. 게다가 치킨 가게 주인의 스마트폰은 잠금 패턴이 풀린 상태였기 때문에 스마트폰 자체에는 물리적인 피해가 없었다. 하지만 세탁소의 경우는 패턴이 잠긴 상태로 들고 나갔던 터라 공장 초기화되었다. 나는 곧바로 인근 CCTV 영상부터 확보하기 시작했다.

● 손은 눈보다 빨랐다

CCTV에 촬영된 피의자의 범행은 놀라웠다. 세탁소에서 들고 나온 스마트폰을 공장 초기화시키면서 잠겨있던 패턴과 비밀번호를 무력화시켜 버렸다. 공장 초기화 후 화면을 켜면 스마트폰 화면에는 처음 구매했을 때 볼 수 있는 '반가워요'

라는 메시지가 뜬다. 이때부터 피의자는 빠른 손놀림으로 범행을 시작한다. 먼저 미리 만들어 놓은 구글 계정으로 로그인해 휴대전화를 사용 가능 상태로 만들어 놓는다. 그다음부터가 핵심이다. 스마트폰에는 유심(USIM)칩이 그대로 꽂혀 있기 때문에 공장 초기화된다고 하더라도 각 통신사와 휴대전화가 제휴를 맺은 몇몇 기본 애플리케이션은 자동 설치된다. 피의자는 자동으로 설치되어 있는 앱을 통해 문화상품권을 구매하기 시작한다. 영상에는 문화상품권을 구매한 뒤, 수첩에 문화상품권 핀(PIN) 번호를 옮겨 적는 모습이 담겨 있었다.

짧게는 10분 길게는 30분 안에 모든 작업이 끝났다. 처음 마주한 수법에 놀라기도 했지만 그보다 영상 속 여성이 어쩌다 저 지경에 이르렀는지 더 궁금했다. 잡아와서 묻는 수밖에 없었다.

추가로 신고된 건들까지 자료를 취합하는 데만 한 달이 걸렸다. 체포영장을 받기 위해서는 먼저 소액결제 사용 내역부터 역추적해야 하는데 기본 서류 작업에만 며칠이 걸리다 보니 인적사항 특정은 그다음이었다. 그런데 마침 시골 네트워킹에 의해 제보가 들어왔다. CCTV 속 여성이 전곡 초등학교 뒤편에 사는 경자(가명)라는 것이었다. 평소 경자와 목욕탕에서 자주 만났다는 제보자, 집을 알고 있다는 제보자도 있었다. 인적사항은 특정되었으니 체포영장만 신청하면 되지만 이런 일을 벌인 이유를 물어보지 않을 수가 없어 먼저 집으로 찾아 갔다. 그러나 피의자를 만날 수 없었다. 그녀의 어머니는 경자 가 집을 나간 지 오래되었으며, 사기 기술은 휴대폰 매장에서 함께 일했던 남자친구로부터 배웠을 거라고 했다.

돌아와 체포영장을 신청하려는데 문제가 생겼다. 동두천 경찰서 사이버팀과 의정부 경찰서 사이버팀에서도 동일수법 으로 이미 수사가 진행 중이었던 것이다. 의정부경찰서 사이 버팀에서는 사건을 먼저 시작한 상태였고 동두천 경찰서는 연 천에서 넘어간 뒤 피해자가 막 발생하고 있었다. 더군다나 의 정부 경찰서에서 이미 체포영장을 발부 받은 상태라 이렇게 되면 어디서 먼저 검거하느냐에 따라 사건을 맡는 곳이 달라 진다. 그러나 연천보다 의정부에 피해자가 더 많았고 이미 체 포영장을 받아둔 상태였기에 의정부서 직원들과 공조해 체포 하기로 했다.

의정부에서 시작해 연천으로 내려와 범행을 저지르고 동 두천으로 넘어가 피해가 발생했으니 그다음은 양주가 되겠다 싶었다. 작정하고 시작한 거라면 의정부를 끝으로 먼 지역으 로 벗어났어야 했지만 인접 지역을 돌고 있다는 것은 피의자 도 체포라는 결말을 예상한 게 아니었을까? 그렇다면 서로 쫓 고 쫓기는 것보다 설득시켜 출석시키는 게 낫겠다는 생각이 들었다. 이미 수사 중인 걸 알고 있을 테니 전화로 출석 요구를 하면 순순히 응할 듯했다. 그리고 며칠 후, 예상대로 피의자가 약속대로 조사를 받으러 왔다.

피의자는 휴대폰 대리점에서 일했던 남자친구에게서 배웠다고 자백했다. 그래도 눈으로 직접 확인해 보고 싶어서 업무용 휴대폰을 건네주고 재현해보도록 했다. 피의자는 휴대폰을 건네받자, 마치 영화 〈타짜〉의 고니처럼 빠른 손놀림으로 일련의 과정을 수행하고 문화상품권 핀 번호를 이면지에 옮겨 적는 데 성공했다. 그렇게 가로챈 문화상품권 핀 번호로 인근 편의점에서 교통카드를 충전해 현금으로 되돌려 받았다고 했다. 그 돈으로 밥을 먹고, 찜질방에 갔다고 했다.

자백과 재현도 순순히 이루어졌지만, 반성의 기미는 없어 보였다. 구속한다고 얼마나 달라질지는 모르지만, 피해자들과의 합의도 어려울 것 같아 구속 외에는 답이 없었다. 조사를 마치고 현장 확인이 필요하니 사건이 끝날 때까지 집에 있어야 한다고 당부한 뒤 돌려보냈다. 그리고 다음날, 의정부경찰서 사이버팀으로부터 체포했다는 연락이 왔다. 서류를 넘겨주기 위해 사무실로 들어서니 피의자는 수갑을 찬 채 고개를 숙이고 있었다. 그 모습이 내가 본 피의자의 마지막 모습이었다.

앨리스(ALICE), 밥(BOB), 이브(EVE)의 정체

서로 믿고 신뢰하는 앨리스(Alice)와 밥(Bob). 두 사람 사이를 파멸로 몰고 가는 사기꾼 이브(Eve). 이브는 막장 드라마의 기본 공식인 삼각관계를 만든 후, 앨리스와 밥 모두에게 피해를 입히고 사라진다.

이것은 드라마 주인공 이야기가 아니다. 앨리스와 밥은 컴퓨터 정보보호 이론 중 암호학에 많이 등장하는 가상의 인물이다. 'A 사용자가 B 사용자에게 메시지를 전송 한다'에서 A와 B의 역할을 앨리스와 밥이 대신 수행하는 것이다.

여기서 앨리스와 밥은 계약 관계에서의 갑과 을처럼 종속 관계이거나 계급 같은 건 없다. 단지 수행하는 역할만 있을 뿐이다. A 사용자인 앨리스는 물건을 보내는 사람 내지 이메일의 발신자(Sender)를 의미한다.

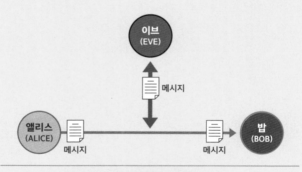

앨리스와 밥을 중간에서 공격하는 이브

B 사용자인 밥은 물건을 받는 사람 또는 수신자(Receiver)를 의미한다. 그리고 이브는 '엿듣는다'라는 뜻의 'Eavesdropper'에서 유래되었다.

다시 말해 앨리스와 밥은 전 세계에 무수히 많다. 계약의 당사자들, 구매자와 판매자 등 앨리스와 밥의 관계에 놓인 이들을 먹이로 삼아 이브는 움직인다. 이브는 신뢰 관계를 바탕으로 거래하는 두 당사자 사이에 끼어들어 거래를 가로 채는 '중간자 공격'을 사용한다. 다음 Case2와 Case3의 사례가 바로 그 예다.

이메일 무역사기

영국 범죄 수사국 NCA의 국제 공조 요청

발신: 경찰청 사이버안전국

제목: 국제공조수사요청 관련 수사 지시

관련 근거: 영국 NCA에서 요청한 이메일 무역사기 공조수
사 요청을 경기북부지방경찰청 사이버수사대로 하달하니
피의자 검거에 만전을 기하기 바랍니다.

사건 개요: 영국에 있는 T 회사의 한국 거래처인 U 회사를
이메일로 가장하여 30,000달러를 송금 받아 편취하려고
한 사건임.

2017년 어느 날, 집중 수사 지시 하달 공문이 내려왔다. 사건 개요에 따르면 피의자는 영국에 있는 T 회사의 한국 거래처인 U 회사를 사칭했고, 송금 받은 돈을 '편취하려고 하였다'는 걸 보니 범죄에 성공하지 못한 상황인 듯했다. 간략한 사건 개요만으로 여러 가능성을 가늠해보지만 정확히 어떤 사건인지는 파악하기 힘들었다.

단서라고는 영국에서 한국으로 해외 송금한 발송자와 수취인 정보밖에 없었다. 거기다 범죄가 발생한 지 3개월이 지나버린 상황이라, 만약 피해 금액이 남아 있다고 해도 지급 정지 골든타임이 지난 터였다. 갑갑한 심정이기는 했지만, 당시는 지방청으로 막 발령받아 실력을 검증받는 시험대에 올라선 상황이었기 때문에 더욱 부딪혀보고자 하는 열정이 있었다.

● 사람부터 찾아야 한다

사건을 시작하기 위해서는 피해자의 진술이 절대적으로 필요하다. 영국 범죄 수사국 NCA(National Crime Agency)에서 한국 경찰청으로 수사를 해달라고 요청을 했으니 한국은 영국으로부터 사건을 넘겨받은 상황이고, 그렇다면 NCA에 신고한 회사 대표자가 피해자이자 최초 신고자가 되는 셈이다. 영국 회사 대표자에게 연락 가능한 방법을 알려 달라고 메일을 보냈다. 상황이 급했는지 긴급하게 통화를 하고 싶다는 내용과 함께 개인 연락처를 보내왔다. 런던과의 시차를 감안해 한국 시간으로 오후 5시쯤 전화를 걸었다. 경상도 악센트가 녹아든 영어로 사건 경위를 자세히 파악 할 수 있는 자료가 필요하다고 말했다.

영국 T사는 선박이 항구에 접안하는 데 필요한 장비를 만드는 설비제조 회사였다. 한국으로 사업을 확장하기 위해 몇 년 전부터 경남 김해에 있는 U사와 오랫동안 협력 관계를 유지하고 있었다. 선박 접안 설비를 제조하는 회사이다 보니 사업 규모가 꽤 컸다. 수억 원대의 비용이 투입되면서 한 프로젝트 당 많은 무역 대금이 해외 송금으로 거래되고 있었다. 게다가 이번 사건이 발생하기 전 이미 몇 건의 프로젝트를 함께 마무리한 적이 있어 이런 일이 발생하리라고는 전혀 예상하지 못했다고 진술했다.

사건 개요는 이렇다. 영국 T사가 한국 U사에 해안 접안 시설 장비를 만들어달라는 프로젝트 계약을 체결하고 한국에서는 모든 설비 제조를 마쳤다. 제조 작업 종료 후 한국 측에서 영국에 거래 대금을 지급해달라고 요청했고, 모든 진행 과정을 두 회사의 대표가 이메일로 주고받았다. 영국은 한국 측에서 요구한 계좌로 대금을 지급했는데, 한국에서 약속기일이 지났는데 입금되지 않았다는 전화를 받았다. 그때서야 문제가 생겼음을 인지한 것이다. 돈은 보냈는데 받은 사람이 없다? 우선 송금을 요청한 사람이 발송한 이메일 확보가 시급했다.

> 승인 문서의 건.
> 당사(한국업체 U사)는 2016.11.16. 자로 존경하는 귀사(영국 T사)
> 로 지급받는 수신 계좌를 현재 회사가 회계 감사 중으로 인해 공
> 급업체들에게 제공한 현금이 동결된 관계로 다른 한국의 대체 계
> 좌로 변경하고자 합니다. 이런 이유 때문에 귀사(영국T사)가 송
> 금하고자 할 시 여기 한국의 대체 계좌로 송금하여야만 당사가
> 수신이 가능하며 현재 확보하고 있는 고객 기업들과도 처리가 가
> 능합니다. 그러니 저희 요구대로 처리해 주시기 바랍니다.

실제로 회계 감사로 계좌가 동결이 가능한지는 몰라도 어
쨌든 동결된 계좌로는 송금을 할 수 없으니 변경된 다른 한국
계좌로 송금해달라는 메일이 분명히 남아 있었다. 이제 이 사
건의 의문점은 변경된 계좌로 입금 받은 명의자를 찾는 것뿐
이다.

● 라이베리아 국적의 명의자

무역 대금은 아프리카의 라이베리아(Liberia) 국적의 외국
인 명의로 개설된 농협 계좌로 입금되었다. 큰돈이 회사 계좌
가 아닌 개인 계좌로 송금된 게 이상하긴 했다. 명의자에게 출

석해서 조사를 받으러 오라는 전화를 했다가는 모든 증거와 자료들이 사라질 것이 뻔했기에 체포영장이 필요했다. 먼저 계좌 개설자의 인적사항을 확보하기 위해서는 금융계좌영장부터 신청해야 하기에 은행 관계자를 불러 조사했다. 당시 나조차도 전체적인 범죄사실에 대한 개요가 잡혀 있지 않았던 상황에서 영국에서 송금된 금액이 입금된 계좌 명의자가 범죄와 깊게 관련되었음을 은행 관계자의 진술을 통해 찾아야만 했다.

외환 업무 담당자는 계좌 명의자가 돈을 찾기 위해 은행 창구를 방문한 적이 있다고 했다. 사건이 발생하고 2개월이 지나서야 수사가 시작되었고 사건을 배당받고 나서도 1달째 내용 파악하느라 실질적인 수사는 진도를 나가지도 못했지만 다행히 돈은 묶여 있었다. 명의자가 무역 거래 대금 관련 서류를 구비하지 못한 탓이었다.

최초 신고자인 영국회사 대표자 조사를 마쳤고 국내 은행 직원의 협조와 제출받은 자료로 피의자의 인적사항을 특정했으니 곧바로 체포영장이 필요했다. 체포영장을 발부받기 위해서는 범죄사실이 똑 부러지게 나와야 하는데 어딘가 부족해보였다. 그동안 확보한 자료만으로도 충분히 범죄라는 걸 입증할 수는 있었지만 어떻게 범죄가 일어났는지에 대한 설명이 부족한 느낌이었다. 사건 담당자가 뭔가 부족한 상태에서 작성된 수사보고서가 들어가 있으면 사건 기록이 아무리 두꺼워도 검찰에서는 귀신같이 찾아내 기각할 확률이 높다. 곧바로 국내 U사의 대표자와 관계자를 모두 불렀다.

U사는 업무가 세분화되어 있었다. 회사 규모가 큰 경우 해외로 송금하거나 입금 받는 업무는 대부분 영업 파트나 회계 파트에서 처리하기 때문에 업무가 분리되어 있다. 업무가 분리되어 있지 않은 중소기업이나 소규모 사업장 같은 경우는 대표자가 직접 처리하는 경우도 많지만 이 회사는 대표자의 결제를 받은 영업팀 상무의 권한으로 해외 대금 관련 업무를 처리하고 있었다.

대표자와 상무는 단호하게 계좌를 변경한다는 메일을 영국에 보낸 적이 없다고 주장했다. 둘 다 피해자라고 주장하니 그러면 이 사건으로 누가 이득을 보게 되는지 도무지 알 수 없는 노릇이었다. 영국에서 전달받은 결정적인 이메일 원문에 첨부되어 있던 국내 회사의 직인이 찍혀 있는 서류를 그대로 출력해 들이밀었다. 회사 직인은 맞지만 모든 서류 자체가 위조된 것이라며 정리한 파일을 건네주었다.

국내 회사의 본래 이메일 주소 'jchpark@u.mex.co.kr'
위조된 주소 'jchpark@u_mex_co.kr'
영국 측에서 받은 이메일 주소를 자세히 보니 국내 회사 대표가 사용하는 이메일 주소와는 분명 달랐다. 이메일 주소는 '@'를 기준으로 '로컬 파트 @ 도메인 주소'로 구성되어 있는데, 이들은 도메인 주소를 교묘하게 변경한 것이다. 원래 이메일에 '.'으로 표기된 것을 '_'로 표시해 화면상으로 마침표로 보이도록 했다. 이렇게 위장된 이메일은 하루에 수십 건 이상의 업무 메일을 수신하는 기업인들에게는 세심한 주의를 기울이지 않으면 정상 메일로 인식될 수밖에 없다. 공격자들은 위장된 이메일에 반응하고 답장을 보내는 순간을 노린다. 한 번이라도 답장을 하면 공격자들은 본격적으로 중간자 역할을 수행한다.

앞서 Case1의 〈수사노트〉에서 설명한 것처럼, 이번 사건은 전형적인 중간자 공격(Man In The Middle Attack)으로 피해를 입은 사례다. 신뢰를 바탕으로 교신하는 상대방의 이메일 주소를 최대한 비슷하게 보이도록 위조해 잠입하는 방식인 '중간자 공격'의 공격자를 '이브(Eve)'라고 부른다. 하지만 이 사건의 이브는 좀처럼 정체를 드러내지 않았다.

● **피의자 체포 돌입**

이브를 찾는 것도 중요하지만, 이 사건에서는 우선 특정된 라이베리아 국적의 피의자를 잡아야 했다. 그가 돈을 찾아 도주하면 피해 금액을 회수하기 어려울 수 있기 때문이다. 체포영장과 압수수색검증영장, 이동 위치 실시간 확인 허가서도 발부 받았다. 그리고 피의자가 전국의 어느 은행을 방문하더라도 사건 담당자에게 연락을 취할 수 있도록 금융권 전산망에 정보를 공유해 두었다. 또한 상황이 틀어지면 언제라도 본국으로 도망갈 수도 있기 때문에 출국금지 조치까지 하고 나서야 본격적인 체포 계획을 세울 수 있었다.

며칠 후, 의정부 지점 직원으로부터 피의자가 돈을 찾으러 왔다는 연락이 왔다. 이번에도 관련 서류 없이 무작정 통장에 입금된 돈을 인출해달라는 요구에 지점장이 대응하는 동안 창구 직원이 전산망에 등록된 정보를 보고 전화한 것이다.

사무실에서 15분 떨어진 거리여서 팀원들과 곧바로 출발했지만 피의자는 분위기를 눈치 채고 이미 도주한 뒤였다. 얼마나 다급했는지 은행 창구에 여권과 외국인등록증 사본을 그대로 두고 도주해 버렸다. 한국어를 이해하지 못하고 국내 금융 시스템을 모른다고 하더라도 일이 잘못되고 있다는 것은 느낀 모양이었다.

아무래도 본국으로 도주할 가능성이 커 보였다. 그렇다고 출국하기만을 기다릴 수 없어 피의자의 집을 급습해 체포하는 것으로 계획을 변경했다. 만약 추적을 따돌리기 위해 인천공항에서 출국을 시도한다고 해도 이미 출국금지가 되어 있기에 걱정은 없었다. 체포 일자와 방법을 고민하던 중에 피의자의 여권을 보니 비자 만료일이 다가오고 있었다. 피의자는 아직 돈을 인출하지 못했으니 분명 범죄를 완성하기 위해 어떻게든 다음 작업을 준비할 것이었다. 불법 체류 상태로는 은행이나 관공서를 방문할 수 없기에, 비자 연장을 위해 출입국관리사무소로 갈 것을 예상해 출입국관리사무소에서 긴급회의를 열었다. 우리는 어떤 시나리오로 피의자에게 전화를 걸면 자연스러울지 의견을 나눴다. 출입국관리사무소에서는 비자 만료가 임박하면 방문해달라는 전화를 한다고 하기에 곧바로 전화를 걸어달라고 했다. 피의자는 다음날 오후 3시에 방문하겠다고 말했다.

내일이면 이론적으로 구상만 했던 범죄 수법을 밝혀낼 수 있을 거라는 기대를 안고, 수갑과 포승줄 그리고 테이저건을 미리 준비했다. 하지만 그날 저녁 7시경, 인천공항 경찰대로부터 피의자가 해외로 출국을 시도하다 체포되었다는 연락을 받았다.

피의자는 출입국관리사무소로부터 전화를 받고 몇 시간 뒤 전원을 꺼버려 실시간 위치가 확인되지 않았는데 그 사이 누군가로부터 도주하라는 지시를 받은 것 같았다. 그동안 여러 번 돈을 인출하기 위해 은행을 방문했지만 실패로 돌아갔고 이어서 출입국관리사무소에서 비자 연장을 위해 방문해달라는 전화를 받자, 피의자는 극도로 불안감에 휩싸였을 것이다. 오후 3시까지 방문하겠다는 약속은 위장이었던 셈이다. 어서 피의자를 잡아 누가 이 모든 범죄를 설계했는지, 공범은 누구인지, 만약에 인출에 성공했다면 그다음 돈의 목적지는 어디인지 등을 밝혀내고 싶었다.

2시간을 달려 인천공항 경찰대 건물에 도착했다. 출국금지 피의자들과 입국하는 수배자들 신병 처리로 늘 분주하게 돌아가는 곳이다. 신병을 인계받기 위해 구석에 마련되어 있는 피의자 대기석을 향해 걸어갔다. 피의자는 대기석에 혼자 앉아 허겁지겁 햄버거를 먹고 있었다. 청바지에 빨간색 나이키 농구화를 신고 있었고 검은색 후드티를 입은 피의자는 내가 상상한 모습이 아니었다. 아무리 봐도 컴퓨터, 해킹 같은 것과는 거리가 멀어보였다.

체포영장을 집행하고 소지품과 비행기 티켓을 압수했다. 피의자의 목적지는 필리핀이었다. 본국인 라이베리아가 아닌 필리핀 행 표를 가지고 있는 것은 배후에 지시를 하는 조직이 있어야만 가능한 일이다. 하지만 피의자는 공항에서 왜 출국을 제지당했는지 그리고 왜 수갑을 찬 채로 체포되어야 하는지 이 모든 상황이 이해가 되지 않는다며 억울하다는 표정을 지었다.

● 자백보다는 죽음을!

피의자는 라이베리아(Liberia)의 수도 몬로비아(Monrovia) 출신이었고, 2015년 한국에 입국 후 경기도의 한 물류단지에서 근무하고 있었다. 그는 승합차 뒷좌석에서 범행뿐 아니라 은행에 돈을 찾으러 간 사실조차 부인했다. 차원이 다른 거짓말이었다. 그러니 영국에서 송금한 돈은 무슨 돈이고 누가 보낸 건지는 전혀 들을 수 없었다. 결국 CCTV 사진을 보여주었다. 그는 돌려주면 끝나는 거 아니냐며 당당하게 나와 우리를 당황하게 했다. 사기 범죄에 대한 죄의식이 없는 듯했고 피의자가 내뱉는 거짓말이 차원이 달라 머릿속이 복잡했다. 승합차 뒷자석은 흡사 '진실의 방'인데, 처음으로 피의자에게 밀리는 느낌이 들었다. 조사에 참여한 공식 통역사마저도 피의자의 거짓말에 포기해버릴 정도였다.

피의자가 사용하는 이메일을 확인하기 위해 직접 로그인을 하도록 시켰다. 사실 타자를 치는 모습을 확인해보고 싶은 마음도 있었다. 놀랍게도 피의자는 검지를 편 채 한 글자씩 독수리 타법으로 로그인을 했고, 비밀번호가 기억나지 않았는지 3번 만에 로그인에 성공했다.

그러는 사이, 디지털 포렌식팀의 회신도 왔다. 그의 스마트폰을 압수해 영국에서 송금 당일의 대화 내역을 복원해달라고 했기 때문이다.

은행 수신 메시지: [web 발신] 명의자님! 2016/11/25일 해외 송금
   이 도착했습니다.

피의자: 은행으로부터 수신된 메시지를 다른 외국인 K에게 전송

외국인 K: Everything going good?(모든 게 잘 돼 가?)

피의자: I know you mad me.(나에게 화난 거 알고 있어.)

피의자가 K와 메시지를 주고받은 날은 피의자가 은행을
찾아가 인출을 시도하다 실패한 날이었다. 피의자는 아마도
이 실패에 대한 사과를 한 듯했다.

K라는 인물에 대한 정보도 분명 '필리핀'에 있을 거 같았
다. 거짓말과 부인으로 일관하던 그에게 마지막으로 물었다.
왜 고향인 라이베리아가 아닌 필리핀으로 출국하려 했는지.

대답은 놀라웠다. 사촌이 농구를 하다가 다쳤다는 전화를
받고 출국하려고 했단다. 생각해낸 게 그런 거짓말이라니. 이
기본기도 없는 거짓말에 맥이 풀렸다. 혹시 사실대로 말하면
보복하겠다는 위협을 당하고 있는지, 그렇다면 도움을 주겠다
는 회유책을 써봤다.

"맥도날드 햄버거와 콜라, 말보로 레드 담배부터 달라."

고민 끝에 꺼낸 말이 햄버거와 담배라니. 피의자는 끝까지

나를 조롱했고, 한국의 사법 체계를 무시했다. 도대체 어떤 보상이 기다리고 있기에 좀처럼 무너지지 않는지 형사 경력 중 가장 강력한 적수를 만난 듯했다.

비록 피해 금액은 은행 직원의 기지로 영국으로 다시 회수되었지만 이번 사건의 여파로 국내 협력사는 파산하고 말았다. 무역 대금은 곧바로 순환되지 않으면 연결되어 있는 다른 기업들에게도 연쇄효과를 미치기 때문에 신속한 공급이 최우선이다. 피해 금액은 영국에서 송금된 돈이었기 때문에 다시 반환되기까지 상당한 시간이 걸리고 실제로 프로젝트를 끝낸 국내 회사는 사건이 진행되는 동안 대금이 순환되지 않아 결국 파산했다.

결과적으로 심각한 피해 결과가 발생했고, 모든 것을 부인하고 있다는 점을 강조해 구속영장이 청구되었다. 영장 실질심사를 위해 의정부지방법원 8호 법정에 섰다. 피의자는 판사 앞에서도 거짓말을 했다. 판사 앞이라 그런지 거짓말에 두려움은 묻어 있었지만 죽음보다는 거짓말을 택한 피의자의 거짓은 거침없이 이어졌다. 그리고 그날 오후 늦은 시간 구속영장은 발부되었다. 구속 후 검찰에 송치하는 당일, 포승줄에 묶인 피의자는 태도를 바꾼 듯했다. 모든 것을 내려놓고 자백할 준비가 되었는지 물었다.

"당신들은 이 일을 감당할 수 없어요. 차라리 나를 죽여요."

이 범죄에 목숨보다 중요하게 여길 만한 어떤 신념 같은 것이 있는 것일까? 아니면 자백한 것이 알려지면 차라리 죽는 것이 나을 만큼 두려운 일이 벌어지는 것일까?

우리가 이 일을 감당할 수 없을 것이라는 말은 다음 Case에서 소개할 사건의 피의자에게서도 똑같이 들었다. 동일 조직의 지시를 받은 것이었다.

수사하면서 방향을 못 잡을 때면 늘 사람을 찾기 위한 좌표를 설정한다. 그러면 반은 해결된다. 사람은 찾았으니 그의 입에서 자백을 받아낼 수 없다면, 그가 흘려놓은 온라인 공간에서 단서를 찾아내면 된다. 따라서 구속 송치 후 확보한 방대한 디지털 포렌식 자료들로 중간자 공격을 시도하는 공범들을 찾는 데 주력했다.

사기꾼들의 소굴

미 연방 수사국 FBI에서 뉴욕경찰국 NYPD까지

미 연방 수사국 FBI에서 접수된 국제 공조 사건

영국과의 국제 공조 사건을 마무리한 지 1달이 지난 때였다. 경찰청에서 긴급한 국제 공조 사건이 하달되었다. 이번에는 영국이 아닌 미 연방 수사국 FBI(Federal Bureau of Investigation)로부터 접수된 사건이었다.

> 발신: 경찰청 사이버안전국
> 제목: 국제공조수사 요청 관련 수사 지시(미국, 이메일 무역사기)

관련 근거: 미 연방 수사국 FBI로부터 국제 공조 요청. 미국인 피해자의 신분증을 위조하여 국내 은행으로 40만 달러 (한화 약 4억 3천만 원 해당)를 송금한 사건임. 국내 은행으로 송금된 계좌는 미국 FBI의 요청으로 자금 반환 요청된 상태이며 신속히 수사에 착수하기 바람.

메일 제목을 보니 이번에도 동일한 유형의 사건인 듯했다. 하지만 이메일 무역사기 사건이 되려면 앞선 사건처럼 미국 기업과 거래처인 한국 기업이 있어야 한다. 또 두 기업의 이메일을 중간에서 해킹한 뒤 돈을 가로채야 하는데 개인 신분증을 위조해 국내 은행으로 송금했다는 부분이 쉽게 이해되지 않았다. FBI 요청으로 자금 반환 요청이 된 상태라면 공범이 해외로 도주할 수 있는 상황이므로 피의자부터 찾아야 했다.

한국으로 송금된 40만 달러의 출처는 뉴욕에 있는 S은행이었다. 이상한 건 돈을 보낸 사람도 개인이었고 입금 받은 계좌도 개인 명의였다는 점이다. 보통 해외에서 큰 금액이 송금되는 경우 홍콩이나 싱가폴처럼 경유지 은행(Intermediary Bank)을 거쳐서 입금되는데, 이번에는 미국의 경유지 은행을 거쳐 최종적으로 국내로 입금하는 'SWIFT 방식'이었다. 이 시스템은 수신하는 은행명, SWIFT코드, 금융기관 주소, 계좌번호, 수취인 이름이 정확하게 기재되어 있어야만 송금이 가능하다.

팀원들은 국내 계좌로 송금한 지점의 외환업무 담당자 조사, CCTV 자료 확보 등의 활동을 하고, 나는 국내에 입국한 아프리카 출신 외국인 현황을 확보해 분류했다. 이번 사건의 수취인 명의자도 라이베리아(Liberia) 출신이었다. 우리는 그가 돈을 찾으러 은행에 방문했을 거라 짐작했는데, 예상대로였다.

그가 기재한 수취인 정보가 모두 정확해 은행 입장에서는 지급을 거절할 이유가 없었다고 한다. 하지만 입금된 당일 뉴욕 S은행에서 계좌를 긴급히 동결시켜 달라는 공문이 오면서 지급을 거절했다고 진술했다. 이렇게 되면 눈치를 채고 해외로 도주할 가능성이 높아진다. 외환 업무 담당자는 은행 콜센터에서 보관하고 있는 피의자의 통화 녹취록 파일을 확인해 보라고 건네주었다.

〈송금 당일 통화 녹음 파일〉

피의자: 해외송금 도착했는지 알고 싶습니다.

콜센터 상담원: 계좌번호와 인적사항을 말해주세요.

(자신의 인적사항과 계좌번호를 정확하게 진술)

콜센터 상담원: 해외에서 40만 달러가 송금되었습니다. 계좌 명의자 맞으신가요?

피의자: 예, 제가 맞습니다.

콜센터 상담원: 지점에 방문하실 때 외국인 등록증과 통장을 가

지고 방문해야 합니다. 본인이 직접 방문하실 건가요?

피의자: 예, 제가 방문하겠습니다.

그리고 다음날 외환 업무 담당자의 진술대로 돈을 찾기 위해 은행 지점을 방문하지만 계좌가 동결되면서 계획에 차질이 생기게 된다.

〈송금 익일 통화 녹음파일〉

피의자: 해외에서 송금 도착했는지 확인해주세요.

콜센터 상담원: 네, 지금 한 건의 해외송금 건 내용이 확인되었습니다.

피의자: 지금 제가 해외에 있습니다. 이 돈을 다시 해외로 보내기를 원합니다.

콜센터 상담원: 다시 돌려보내달라고요?

피의자: 제가 지금 한국에 없습니다. 그러니깐 돈을 다시 돌려보내주세요.

피의자는 한국에 있는데 갑자기 해외에 있다니? 음성 파일을 듣다가 혼란스러워졌다. 통화 녹음 파일대로라면 한국에 있던 피의자가 하루 만에 해외로 출국했어야 하지만 출입국 조회 결과는 그렇지 않았기 때문이다.

알고 보니, 송금 당일 국내 콜센터로 걸려 온 전화는 나이지리아에서 온 거였다. 누군가가 나이지리아에서 피의자를 가장해 미국에서 정상적으로 송금되었는지를 확인한 것이다. 즉 음성 파일 속 인물은 피의자가 아니었고, 통장 명의자인 피의자와 전화를 건 인물도 동일 인물이 아닌 셈이다. 여기저기 중간 공격자들의 정체가 드러나기 시작했고, 우리는 계좌 명의자를 잡기 위해 더욱 서둘렀다.

● NYPD와의 조우, 공범 발견

공문을 보면 미국인 송금자의 신분증을 위조해서 피해자로 가장해 한국으로 송금했다고 적혀 있는데, 세계 경제의 중심지인 뉴욕에서 신분증을 위조해 4억이라는 큰돈을 한국으로 보낼 수 있다니 믿을 수 없었다. 나는 체포영장에 필수적으로 들어가야 할 범죄사실 부분을 확실히 하기 위해 미국인 피해자에게 급히 연락을 달라고 이메일을 보냈다.

뉴욕의 한 부동산 금융 컨설팅 기업의 부사장인 피해자는 돈을 송금한 사실이 없다고 했다. 누군가가 그의 신분증을 위조해 은행에서 주택담보 대출을 받아 송금한 거라고 했다. 그리고 FBI에 신고를 한 건 은행이었다. 평소와는 다른 큰 금액의 해외 송금 내역을 발견한 은행에서 직접 피해자에게 전화를 걸어 송금한 사실이 없다는 걸 발견하고는 FBI에 신고하고 신속히 계좌 동결 조치를 한 것이다. 피해자는 추가로 관할서인 뉴욕 경찰국 NYPD(New York City Police Department)에 신고해 사건 담당자가 지정되었다는 사실도 알려주었다. 피해자의 진술과 추가 자료가 확보되면서 본격적으로 체포를 위한 막바지 작업에 몰두했다.

피해자로부터 연락을 받은 NYPD 담당 형사 E로부터 연락이 왔다. 국내로 송금된 계좌 명의자에 대한 정보를 아직 확보하지 못한 모양이었다. 서로가 이제 막 수사를 시작했으니 함께 자료를 공유하면 전체의 범죄 조직도를 밝혀낼 수 있을 것 같았다.

E 형사는 뉴욕시경 관할 맨해튼 북부 특수절도전담계 (Manhattan North Grand Larceny Division) 소속이었다. 나는 미국에서 발생한 사건 내용이 필요했고 E 형사는 국내 피의자의 정보가 필요했다. 무엇보다 은행에 위조한 신분증을 제시해 수억 원대의 대출을 받는 사례를 접해본 적이 없기 때문에 사건 개요가 반드시 필요했다. 서로 수사를 진행하는 과정을 자세히 공유하기로 약속하고 체포 준비에 서둘렀다.

> **신분증을 위조해 피해자를 사칭한 피의자는 T로 확인되었습니다. 그는 마약을 공급하는 다른 두 사람의 지시를 받고, 그들에게 돈을 제공하기 위해 범행을 저질렀습니다.**

3장 | 해킹

그러던 중 미국인 피해자의 신분증을 위조해 뉴욕에 있는 은행을 찾아가서 한국으로 송금한 공범을 체포했다는 메일이 왔다. 수사 진행 속도가 거의 '아이언맨' 수준이었다. 미국인 공범이 체포되었으니 피해자의 신분증을 위조하는 단계부터 어떤 방식으로 국내로 송금했는지까지 구체적인 범죄사실을 밝힐 수 있게 되었다.

● 감당할 수 없다는 말

우리도 수사에 집중했다. 마침 은행에서 통장 명의자가 지점을 방문한다는 연락이 왔고 우리는 현재 계좌가 동결되어 인출이 불가능한 상황이지만, 정상적인 업무 범위 내에서 최대한 그의 요구를 파악해달라고 사전 주문했다. 특히 긴장을 풀고 평소처럼 행동해달라고 부탁했다.

현장에서 잠복한 지 1시간이 지났다. 피의자는 100kg은 족히 넘어 보이는 거구였다. 은행 직원에게 전화를 걸어 지금 창구로 들어간다고 알려주었다. 들어간 지 10여 분이 지나 나도 자연스럽게 은행 안으로 들어갔다. 금액의 일부라도 인출해달라고 목소리를 높이는 피의자를 상대로 직원은 침착하게 응대하고 있었다. 미국에서 분명히 범죄 피해로 송금된 금액으로 동결된 계좌임에도 불구하고 인출해달라는 요구를 하는 걸로 보아, 남의 돈이라도 자신의 통장에 들어오면 자기 것이라는 인식이 자리 잡고 있는 듯했다.

　그는 40분 만에 은행을 나와 근처 버스 정류장에 잠시 서 있다가 누군가에게 전화를 걸어 화난 목소리로 통화를 했다. 미리 파악한 행동 패턴대로라면 버스를 타고 사무실로 출근해야만 했지만, 그는 사무실과 반대 방향으로 걸어갔다. 예상 밖의 행동에 거리를 둔 채 잠복 차량으로 미행하다 차에서 내려 뒤를 따라갔다. 피의자는 갑자기 정류장에서 걸어서 5분 거리에 떨어져 있는 파출소로 들어갔다. 지금 이 시점에서 왜 파출소로 들어간 건지 의도를 파악할 수도 없고 그렇다고 지금 체포할 수도 없었다.

　지구대에서 뭘 했는지 30분이 지나서야 나온 그는 늘 타던 버스를 타고 출근했다. 우리는 곧바로 지구대로 들어가 상황을 파악했다. 집 근처에서 통장과 체크카드가 들어있던 가방을 분실했는데 누군가 주워서 사용했다고 신고한 것이었다. 그가 통장을 분실했다고 지목한 날은 정확히 미국에서 해외송금 되기 전 날이었다. 진술서에는 며칠 후 가방을 습득한 누군가로부터 다시 돌려받았다고 적혀 있었다. 그리고 통장에 모르는 돈이 들어왔는데 인출하지 않으면 죽여버리겠다는 협박을 당하고 있다는 내용이었다. 인출이 막히자 자신을 협박 피해자로 신고를 하다니, 더 이상 체포를 미룰 수 없었다.

　다음날 오전 10시, 그가 일하는 공장을 찾아가 체포했다.

형사들이 통장 때문에 찾아올 걸 예상하고 있었다며 별다른 저항 없이 순순히 체포에 응했다. 하지만 모든 걸 자백하겠다는 태도는 아니었다. 피의자는 오늘 같은 상황을 대비해 상상력이 미치는 데까지 철저하게 시나리오를 준비해 놓았을 것이다. 이제부터 자백을 끌어내기 위해 필요한 건 지치지 않을 체력과 통역인 제니퍼와의 협공이었다. 첫 국제 공조 사건에서 피의자의 거짓말만큼 힘들었던 것 중 하나가 통역인과의 의사소통이었기에, 나는 미군기지 캠프 케이시(Camp Casey)와 캠프 호비(Camp Hovey)가 오랫동안 주둔해 있는 군사 지역인 동두천에 있는 동두천 경찰서에 전화를 걸어 형사가 제일 많이 찾는 통역인을 수소문했다. 직원들은 모두 제니퍼를 추천했다. 제니퍼는 토종 한국인으로, 동두천에서 통역 일 외에도 외국인의 민·형사상 문제도 해결해주며 '빅마마'로 소문나 있는 통역인이었다. 나는 제니퍼에게 이번 일에 함께해달라고 부탁했고 제니퍼는 흔쾌히 수락했다.

피의자는 라이베리아에서 4년제 대학을 졸업 후, 변호사 자격증을 취득하고 사촌이 운영하는 변호사 사무실에서 근무했던 이력을 내세우며 탄탄한 자기 방어 진술을 시작했다. 그는 우연히 사무실을 방문한 한국인으로부터 다이아몬드 사업을 같이 해보자는 제안에 입국하게 되었다고 했는데, 나름의 짜임새는 있었지만 디테일이 부족했다. 적어도 사업을 위해 한국에 입국한 거라면 사업 파트너는 누구인지 그리고 최소한 사업을 제안한 한국 사람의 인적사항과 연락처 정도는 알고 있어야 했는데 그렇지 못했다. 그는 자신의 시나리오가 조금씩 무너지자 크게 동요했다.

우리는 체포 전날 파출소에 들러서 통장과 체크카드가 들어있던 가방을 분실한 부분을 집중 추궁했다. 통장을 잃어버리면 필수적으로 분실 신고를 하는데 은행에 신고를 했는지 묻자, 분실 신고를 했다고 대답한 거였다. 수사를 시작한 시점에 계좌 거래 내역을 분석하면서 분실 신고 내역은 단 한 차례도 없음을 이미 확인한 상태였다. 당황한 나머지 진술서에 기재한 것과는 다른 대답을 한 것이다. 이때 완전히 주도권이 넘어왔다. 분실 신고가 된 이력이 있는지 은행에 확인해 보겠다고 하니 급격히 무너졌다. 갑자기 두 손으로 얼굴을 감싼 채 생각할 시간을 달라고 했다. 그러더니 갑자기 숨을 헐떡거리며 울기 시작했다. 거구의 사내가 갑자기 아기 울음소리를 내니 나도 순간 멈칫했다. 제니퍼는 이 틈을 놓치지 않고 옆으로 다가가 어깨를 두드리며 자백할 준비가 되었는지 물었다.

그는 호흡을 가다듬은 후, 모든 걸 자백하겠다며 종이와 펜을 달라고 했다. 무언가를 쓰려던 그는 갑자기 나에게 이렇게 말했다.

"한국은 이 모든 걸 감당할 수 없습니다."

그렇다, 첫 공조 사건의 피의자에게도 들은 말이었다.

● 드러난 컴퓨터 갱단, 이브(EVE)

국내 조직원은 모두 '로미오'라는 자의 지시를 받아 움직인다고 했다. 나이지리아 출신인 로미오는 조직원들과 특정한 웹사이트를 만들어 기업을 해킹하고 빼돌린 돈을 해외로 송금하는 일을 주도한다고 했다. 그는 그 조직을 '컴퓨터 갱단'이라고 불렀다. 그리고 이들은 세계 곳곳에 퍼져 있다고 했다. 로미오는 한국에서 해커팀이 돈을 송금하게 되면 인출하는 데 필요한 통장 명의자를 관리하는 중간 연결자(Middle Man)였던 것이다.

그가 이면지에 조직도를 그려가며 설명하는 것을 듣는데, 상당히 체계적이었다. 1차로 해킹을 시도해 돈을 빼내는 데 성공하면 하부 리더들에게 구체적인 임무를 부여한다. 하부 리더는 최종적으로 돈을 인출하는 계좌 명의자들을 모집하고 관리하는데, 이들을 엔지니어들(Engineers)이라고 불렀다. 엔지니어들은 해외에서 돈이 송금되었다는 연락을 받으면 대부분 (은행이 업무를 하지 않는 주말 직전인) 금요일에 은행에 가서 돈을 찾고 인천공항을 통해 출국한다고 했다.

영국과의 국제 공조 때 체포된 피의자의 사진을 보여주니 그 역시 로미오의 지시를 받은 엔지니어 중 한 명이라고 했다.

그토록 기다렸던 사건의 실마리가 풀리는 순간이었다. 이들 조직은 'H'라는 이름으로 활동하고 있으며, 나이지리아를 중심으로 서남 아프리카, 유럽, 북아메리카, 남아메리카, 중국과 홍콩을 포함한 아시아 국가 등에 전방위적으로 분포해 있다고 했다. 그는 적어도 같은 국적의 브라더(이들은 같은 나라 출신이면 서로를 브라더라 칭한다)가 아니면 자백을 못 받아낼 거라고 했다. 그리고 로미오와 컴퓨터 갱단들은 이미 많은 돈을 벌어들여 엄청난 힘을 가지고 있는데 어떻게 검거할 수 있겠냐며 절대 잡을 수 없을 거라고 했다. 자백 후 고국으로 추방되면 살해당하기 때문에 거짓말로 버티는 거였다. 그때서야 알게 되었다. '감당할 수 없을 것'이라는 말의 의미를.

구속영장을 청구한 후, 첫 번째 피의자의 공판을 담당하고 있던 검사에게 연락해 중요 참고인을 발견했다는 내용의 수사 보고서와 관련 서류들을 추송으로 보냈다. 피의자는 비록 자백은 했으나 범죄의 중대성을 강조해 구속되었다. 숨어 있던 중간 공격자 이브(EVE)는 해킹 조직원들로 확인되었지만, 그 실체를 밝혀내기 위해서는 해야 할 일이 많이 남아 있었다.

● **해커팀 소탕을 위한 한·미 양국 합동 수사**

구속 직후 앞서 진행한 영국과의 공조 사건과 이번 사건에 라이베리아 국적의 피의자들이 관련되어 있다는 보고서를 만들어 NYPD 담당자에게 보내주었다. 미국에서도 한국의 빠른 검거 소식에 놀란 모양이었다. E 형사는 함께 수사 중인 DHS(United States Department of Homeland Security, 미국토안보부)와 USS(United States Secret Service, 미국 비밀검찰국) 그리고 파트너에게 전달하겠다고 했으며 수일 내로 파트너로부터 연락이 갈 것이라고 했다. 미국에서는 꽤 많은 수사기관이 붙어서 진행하고 있는 모양이었다.

이번 사건은 영국 무역회사 이메일 해킹 사건과는 성격이 완전히 달랐지만, 동일 조직의 범행으로 확인되었다. 엔지니어들과 팀 리더의 실체를 확인하기 위해 구속된 피의자의 진술에 따라 로미오가 자주 출입했던 클럽을 먼저 둘러보기로 했다.

금요일 저녁, 제니퍼와 함께 'Foreigners only(외국인 전용)' 안내 문구가 붙어 있는 클럽 입구에 섰다. 초저녁임에도 클럽은 미군으로 북적였다. 경찰 신분증을 제시하고 조용히 둘러만 보고 가겠다는 약속 아래 우리는 안으로 들어갔다. 상반신을 탈의한 남녀 외국인들이 귀가 터질 듯한 음악 속에서 춤을 추고 있었다. 그러나 별다른 소득은 없었다.

수사 방향에 대해 고민하던 중 미국으로부터 예상 밖의 이메일이 도착했다.

수신자: 대한민국 경찰청 국제 협력팀 담당자 귀하

저는 뉴욕 지방 검사실에서 지방 검사로 근무하고 있습니다. 그리고 저는 그중에서 뉴욕주 형법에 위배된 금융 사기범들에 대한 기소를 담당하고 있습니다.

뉴욕 지방 검사실에서 한국 사이버 범죄 수사대 박중현 형사가 이번 사건 피의자 수사 과정에서 복원한 자료들을 요청하는 바입니다.

E 형사가 말한 파트너였다. 내게 메일을 보낸 이 지방 검사(District Attorney)는 피의자를 체포하면서 압수한 디지털 포렌식 자료들을 공식으로 요청했다. 어쩌면 서로가 쫓고 있는 리더가 동일 인물일 수도 있겠다는 생각에 필요한 자료를 검찰로 보냈다. 그리고 며칠 뒤 전화회의(Conference Call)를 하자는 연락이 왔다. 한국에서 확보한 데이터 중 미국과 연관된 자료들이 많이 발견되었다며 담당 형사의 증언이 필요하다고 했다. 만약 담당 형사의 증언이 확보되면 새로운 사건을 시작할 수 있을 거라고 했다. 조직원 소탕(crackdown)을 위한 새로운 사건의 시작인 케이스 오픈(Case Open)을 위한 회의였다. 다만 양국이 공동으로 케이스 오픈을 승인 받기 위해서는 뉴욕 대배심원(Grand Jury)들 앞에서 담당 형사의 증언이 필요하다고 했다. 이제껏 국내에서만 조직원들의 실체를 확인하

려고 했으니 더할 수 없이 좋은 기회였다. 게다가 로미오에 대해서도 수사를 진행하고 있었다. 찾고 있는 대상이 같다면 이들 조직의 차트가 더욱 풍성해질 것 같아 준비되는 대로 곧바로 미국으로 가겠다고 했다. 그리고 로미오의 페이스북 계정을 NYPD 소속 소셜 미디어 조사팀에서 지능형 분석 보고서의 형태로 정리된 자료를 건네받았다. 지능형 분석 보고서는 파이썬(python)과 같은 컴퓨터 언어로 특정 프로그램을 제작해 인터넷상에서 반복되는 단어들이나 수사에 도움이 될 만한 특정 키워드를 추출해 시각화 형태로 만든 보고서이다. 4년 동안 로미오가 페이스북 상에서 주고받은 대화 내용과 포스팅한 자료들을 분석해, 한국과 연관된 특정 키워드를 추출해 보고서 형식으로 제작되어 있었다. 특정 사진에 친구들이 댓글을 달면 프로그램이 수백 개의 댓글을 일괄적으로 긁어모아 특정 단어들을 추출해 시각적으로도 보기 쉽게 도표까지 포함되어 있었다. 보고서만 봐도 미드 〈크리미널 마인드〉(Criminal Minds)에 나오는 사무실이 그려졌다. 나는 혼자서 게시물을 캡처하며 수사보고서에 기록하고 있는데, 소셜 미디어 분석팀이 별도로 있는 게 몹시 부러웠다.

　미국에서 넘겨받은 자료들로 페이스북 본사에 집행할 압수수색검증영장을 발부 받았다. 영장을 집행한 지 3주 만에 페이스북 본사로부터 팀 리더의 인적사항을 특정할 수 있는 방대한 데이터를 회신 받았다. 드디어 팀 리더의 인적사항이 특정되었다. 첫 사건을 시작한 지 1년 만이었다. 로미오는 이름만 가명일 뿐 허구의 인물이 아니었다. 그리고 2012년부터 2016년까지 4년간 한국에 머물렀던 사실도 확인되었다. 이제 뉴욕으로 건너가 대배심들 앞에서 조직원들의 실체를 공개하는 일만 남았다.

● **뉴욕에서 사건을 배당받다**

2018년 2월, 유례없는 폭설과 한파로 뉴욕편 직항이 결항되는 바람에 LA LEX 공항을 경유해 뉴욕 JFK 공항에 도착했다. 폭설과 한파에 공항 내 수도관이 파열되는 사고까지 겹쳐 공항은 수화물을 찾기 위한 전 세계 관광객들로 발 디딜 틈이 없을 정도였다. 숙소에 짐을 풀고 마중 나와 있던 NYPD E 형사와 인사를 나누고 맨해튼 검찰로 출발했다.

맨해튼 지방 검사실에서 그동안의 사건을 브리핑했다. 검사는 브리핑이 끝난 후 미국에도 조직원이 분포되어 있냐고 물었다. 나는 피의자가 자백하면서 자필로 그렸던 조직도와 피의자신문조서를 건네주었다. 건네준 자료들이 충분했는지 내일 있을 대배심 증언에 충분히 배심원들을 설득할 수 있다고 검사는 흡족해했다. 그리고 미국에서 체포한 조직원들을 수사하던 중 한국으로 흘러 들어간 자금 흐름이 추가로 몇 건

더 발견되었는데 함께 수사할 수 있겠냐며, 2건의 송금 내역 자료를 출력해 보여줬다. 한 건은 무역 대금으로 송금된 26만 달러(한화 약 2억 8천)의 거래 내역이었고 다른 한 건은 36만 달러(한화 약 3억 9천)의 거래 내역이었다. 검사와 E 형사는 사건을 맡아주기를 원하는 눈치였다. 내 인생 세 번째 국제 공조 사건을 미국에서 배당 받게 될 줄이야! 먼저 팀장의 결재를 받고 과장의 승인을 받아야 하지만, 내가 맡는 것이 맞다는 생각이 들어 돌아가서 바로 수사를 시작하겠다고 답했다. 세 번째 사건에 뛰어들고 싶은 마음은 일단 미뤄두고, 당장 내일 있을 대배심 증언(Grand Jury Testimony)에 집중해야 했다.

● 대배심 증언

아래는 미국 수정헌법 제5조(The Fifth Amendment, Amendment V)의 내용이다.

> 누구라도 대배심의 고발이나 공소 제기에 의하지 아니하고는 사형에 해당하는 죄나 중죄에 대하여 심문 당해서는 아니 된다. 다만 전쟁 시나 공공의 위험이 발생했을 때에 육해군이나 민병대에 현실적으로 복무 중인 경우는 예외로 한다. 또한 어느 누구도 동일한 범죄에 대하여 생명이나 신체의 위험에 두 번 처해져서는 아니 되고, 어느 형사 사건에서도 자신이 증인이 될 것을 강요받아서는 아니 되며, 적법

절차에 의하지 아니하고 생명이나 자유 또는 재산이 박탈 당해서는 아니 된다. 또 사유재산권은 정당한 보상 없이는 공익 목적을 위하여 수용되어서는 아니 된다.

수정헌법 제5조에 근거한 대배심(Grand Jury)은 영미 국가 시민 중 무작위로 선발된 사람들로 구성된다.

오후 4시, 대배심이 열리고 있는 재판장에 들어섰다. 전날 회의 때 그동안 수사했던 사건 기록을 들고 증언을 하면 배심원들에게 더욱 신뢰감을 줄 수 있을 거란 검사의 말을 참고하여 기록을 가지고 입장했다. 40명의 배심원이 나를 주목하고 있었다.

검사는 먼저 미국 헌법 수호의 권리 선언과 진실만을 말할 것을 맹세하도록 선언문을 낭독하도록 했다. 이름과 국적, 계급, 현재 담당하고 있는 업무에 대한 질문을 시작으로 본격적인 증언이 시작되었다.

검사는 체포한 피의자의 인적사항과 한국에서 확인된 범죄사실을 여러 번 물었다. 그리고 피의자가 자백을 했는지 조사는 총 몇 번이나 했는지도 물었다. 처음에는 범죄사실을 강력하게 부인했지만 나중에 해킹 조직원의 지시를 받아서 가담하였다고 자백했고 한국뿐 아니라 미국에도 조직원들이 활동하고 있다고 대답했다. 또 검사는 피의자가 미국에서 입금 받은 계좌번호를 출력해 슬라이드에 띄워놓고 이번 사건에 사용된 계좌가 맞는지 물었다. 압수수색검증영장과 체포영장, 구속영장을 작성하는 동안 저절로 외워진 계좌번호가 맞았다. 구속한 피의자가 사용한 계좌가 맞다는 대답에 검사는 배심원들을 향해 몸을 돌려 나에게 질문이 있는지 물었다. 배심원 중한 명이 손을 들어 피의자를 조사할 때 사건 담당자 혼자 서류 작업을 하는지 물었다. 피의자신문조서 규칙에 대해 물어보다니 의외였다. 피의자신문조서는 사건 담당자 외에 추가로 경위 이상 사법경찰관이 한 명 더 참여해야만 문서로 인정된다고 대답했다. 답변에 배심원은 고개를 끄덕였다. 다른 질문은 나오지 않았다.

이어서 검사는 배심원들을 향해 걸어갔다. 이번 사건의 중요성과 한국과 미국을 경유해 발생한 해킹 범죄 소탕을 위해 새롭게 사건을 시작해야 한다고 힘을 주어 말했다. 마치 영화 〈어 퓨 굿맨〉(A Few Good Men)에서 톰 크루즈가 잭 니콜슨에게 유죄 평결을 이끌어낼 때 "코드 레드를 발령했습니까?" 하는 장면 같았다.

검사는 나에게 배심원들에게 최종 의견을 전달하기 위해 밖에서 대기해달라고 했다. 20여 분 후 검사는 밝은 표정으로 나왔다. 배심원들이 만장일치로 손을 들었다며 엄지를 들어 보였다.

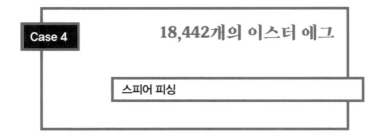

18,442개의 이스터 에그

스피어 피싱

카메룬 국적의 중간 연결자 체포 사건

경제팀에 근무할 때 몇 장 안 되는 진정서나 고소장을 들고 사무실을 방문하는 피해자들과 만날 때면 그들의 삶이 마치 주머니 속 엉켜버린 이어폰 줄 같다는 느낌을 받았다. 피해 금액이 클수록 사람들은 그 돈을 마련하기 위해 감내했던 이야기를 하고 싶어 돗자리를 깔고 싶어 하지만 나는 어떻게든 빨리 처리하고 싶었다.

하나의 사건에는 진정서와 고소장에 녹아있는 피해자의 삶에서 시작해 검거되거나 체포된 후 녹아든 피의자의 삶 그리고 이들의 인생을 엮어주는 사건 담당자의 삶이 함께 녹아들어간다. 하지만 늘 피해자의 삶보다는 피의자의 삶이 더 주목을 받는다. 실제로 사건 서류를 들여다보면 피해자 진술보서보다 피의자 신문조서의 분량이 압도적으로 많다.

그런데 이상하게 사이버 범죄 사건은 피해 금액이 몇 천 원짜리 게임 아이템이든 수억 원을 넘어가는 막대한 금액이든 피해자나 피의자의 삶보다 범죄 수법과 피의자를 특정해 나가는 수사보고서가 압도적으로 많은 편이다. 피해자와 피의자 사이에 인터넷 공간이라는 기술이 있기 때문이다. 그러고 보면 사이버 범죄 사건 서류에 편철된 수사보고서의 대부분이 범행 과정을 역으로 추적해 나가는 내용이었다. 그리고 그 안에서 발견한 건 기술적 예방이 가능하다, 였다. 지금 다루고 있는 일련의 사건도 조직원들의 존재를 하나씩 밝혀갈수록 발견한 건 예방이었다.

이번 사건만큼은 전체 조직도를 완성할 수 있는 중요한 연결점이 될 것 같은 직감이 왔다. 이번에 시작할 사건의 핵심 자료는 대배심 증언으로 확보한 36만 달러(한화 약 3억 9천)와 26만 달러(한화 약 2억 8천)의 해외 송금 거래 내역이었다. 36만 달러의 피해를 입은 미국인은 건설업을 운영하는 대표자로 서류상으로는 한국에 산업기계 결제 무역대금(Industrial Machinery Payment) 명목으로 송금한 것으로 기록되어 있었다. 그리고 26만 달러의 피해를 입은 미국인은 앞서 처리한 사건과 같은 방식으로 신분증을 위조해 은행에서 대출을 받아 송금한 것으로 기록되어 있었다. 하지만 이들은 한국에 거래처도 없었고 은행에서 대출을 받은 적이 없다. 계좌 명의자들의 인적사항을 특정하고 피의자로 입건해 거래 내역을 들여다보기 위해서는 압수수색 검증영장을 신청해야 하는데 이때 피해자들의 진술조서가 필수다. 곧바로 진술조서와 함께 사건 담당자가 작성한 수사보고서가 있으면 보내 달라고 요청했다. 사건 담당자가 피해자로부터 청취한 진술 내용과 피해 내역 등이 일자별로 상세히 기록되어 있는 'Incident / Investigation Report(사건/수사보고서)'를 보내왔다.

압수수색 검증영장으로 확보한 36만 달러가 송금된 계좌 명의자는 예상대로 라이베리아 국적이었다. 하지만 이미 해외로 출국한 상태였다. 2017년 3월 29일 자로 미국에서 송금된 금액은 다음 날인 3월 30일에 경기도 화성 송탄 지점에서 일부 인출되었고 나머지는 서울 동대문 지점에서 전액 인출되었다. 서류상 무역거래 대금으로 송금된 큰돈을 인출하기 위해서는 반드시 은행에서 요구하는 서류가 준비되어야만 한다. 하지만 명의자는 서류를 모두 준비해 전액 인출 후 당일 해외로 도주해 버렸다. 놀라울 정도로 치밀했다. 맨해튼 법정에서 대배심 증언을 마치고 자료를 건네받아 곧바로 사건을 시작하기도

전에 이미 범행을 완성하고 해외로 도주해 버린 것이다. 그나마 다행인 것은 26만 달러가 송금된 통장 명의자는 한국에 체류 중이었다. 이번 명의자는 카메룬 국적이었다. 미국인 피해자의 인적사항을 도용해 신분증을 위조한 뒤 마이애미 플로리다 TD Bank를 방문해 피해자의 이름으로 HELOC(Home Equity Line Of Credit, 주택담보금융대출)을 받아 한국으로 송금한 것으로 확인되었다. 피해자의 인적사항을 도용해 TD Bank를 방문한 공범은 이미 NYPD에 체포되었고 넘겨받은 체포 보고서와 CCTV에 모든 범행이 담겨 있었다. 그리고 TD Bank 측에서 한국에 신속히 자금 반환을 요청해 다행히 금액은 회수되었다. 이렇게 되면 국내에 체류 중인 피의자는 카메룬으로 출국해야만 한다. 미국에서 위조한 피해자의 신분증으로 송금한 공범이 체포되었고 조직의 리더까지 확인되었는데 더 이상 한국에 머무를 이유가 없다. 그런데도 한국에 체류 중이라는 말은 분명 또 다른 이유가 있다는 말이다. 땅속으로 꺼지든 하늘로 사라지든 국내에서 사라지면 어떻게든 잡을 수 있으니 당장 출국 금지부터 시켰다.

● 피의자를 착각한 체포 현장

처음 국제공조 사건을 시작할 때와는 비교할 수 없을 정도의 속도로 체포영장을 포함한 서류가 세트로 발부되었다. 이번에는 광주였다. 체포 시점이 급박해 곧바로 두 개 조를 편성해 광주로 내려갔다. 체포 전날 미리 내려와 회사와 집까지의 동선을 확인했다. 체포를 회사에서 할지 집에서 할지 고민하던 중 집에서 출근하기 위해 문을 나설 때 체포하기로 했다. 다음 날 오전 7시 40분경 집 앞에 도착해 맞은편 옥탑방 계단에서 피의자가 내려오는지 주시했다. 잠복한 지 10여 분이 지나자 계단을 걸어서 내려오는 외국인이 눈에 들어왔다. 곧바로 차에서 내려 주택 안으로 들어가 계단을 걸어 내려오는 피의자를 마주 보고 올라갔다. 두꺼운 점퍼를 입고 모자를 눌러쓰긴 했지만 점퍼와 모자 사이로 보이는 눈만큼은 사진 속 피의자와 동일해 보였다.

피의자 이름 베마(가명)를 부르며 본인이 맞는지 물었다. 하지만 그 사람은 데마(가명)라고 대답했다. 순간 환청을 들은 모양이다. 이름이 비슷한 다른 사람이었다. 출근길에 갑자기 들이닥친 형사를 보고 본인도 놀라긴 했지만 분명 다른 이름을 얘기하긴 했었다. 하지만 나는 이미 마음속에서 이 사람을 피의자로 지목했다. 눌러 쓰고 있던 모자를 벗도록 해 동일 인물인지 확인해야 했지만 체포와 압수수색이 급했기 때문에 가방 안에 있던 테이저건을 꺼내 피의자를 강제로 밀어 붙이다가 몸싸움이 시작되고 말았다. 반항하던 외국인을 잡아 넘어뜨려 수갑을 채우려다 순간 뭔가 잘못되고 있는 것 같아 모자를 벗겨 확인했다. 엉뚱한 사람을 체포할 뻔했다.

　뒤따라 들어오던 팀원들에게 재빨리 신호를 보내 옆방을 확인해보라고 지시했다. 집주인이 옥탑방 하나를 3개의 방으로 개조해 월세를 주고 있던 사실을 간과한 채 피의자 혼자 사는 걸로 믿고 있었던 게 실수였다. 상황 수습보다는 피의자를 먼저 체포해야 했기에 방에서 나가려고 하는 순간 넘어져 있던 외국인이 갑자기 내 다리를 잡고서 이빨로 물어뜯기 시작했다. 태어나서 처음 사람에게 다리를 물리는 순간이었다. 피가 흘렸지만 고통보다는 체포해야 할 피의자가 혼란을 틈타 도주하는 건 아닌지 걱정스러웠다. 몸싸움 때문에 방안 집기류가 부서지고 난장판이 되어 버렸다. 20여 분을 실랑이를 하다 부서진 집기류 사는 데 사용하라고 지갑에 있는 현금을 손에 쥐어주고 옆방으로 건너갔다. 다행히 팀원들이 피의자를 둘러싸고 있었다. 피가 흐르는 다리를 붙잡고 이번에는 제대로 신원을 확인하고 나서야 수갑을 채울 수 있었다. 피의자는 이미 통장 때문에 경찰이 찾아올 줄 예상했다는 표정이었다. 수갑을 차는 순간부터 별일 아니라는 듯 웃고 있었다. 더군다나 담당 형사가 엉뚱한 사람을 체포하려다 다리까지 물렸으니 만만해 보이는 건지 얼굴에 여유가 있어보였다. 압수수색을 마치고 한 팀은 비행기 편으로 나머지는 한 팀은 차로 복귀했다. 체포 현장에서 압수한 5대의 스마트폰과 1개의 노트북 그리고 1개의 외장하드를 디지털 포렌식팀에 분석 외뢰하고 먼저 도착한 제니퍼와 함께 조사를 시작했다. 피의자는 조사 시작부터 아무런 말이 없었다. 아무 죄 없는 사람을 체포한 거라면 억울한 표정이라도 지어야 할 건데 그의 얼굴에는 여유가 가득했다.

피의자가 2014년 두바이에서 2년 동안 건설 현장에서 일한 뒤 다음으로 입국한 나라는 카메룬이 아닌 한국이었다. 고향에 두고 온 가족이 있었지만 구글에서 가장 안전하게 살 수 있는 국가로 검색되어 입국했다고 한다. 입국 직후부터 광주에 정착하기까지의 기막힌 우연은 예상대로 앞서 구속된 피의자들과 동일했다. 앞서 구속된 라이베리아 출신 피의자들과 같은 아카데미를 졸업한 모양이다. 예상대로 옆방에 살던 친구가 자신의 통장을 사용한 것이라며 모든 걸 부인했다. 체포후 담당 형사 앞에서 진술하는 내용마저 동일한 것을 보니 피의자 모두 같은 아카데미를 졸업한 것이 분명하다. 미국에서 확보한 자료들로 범죄사실은 충분히 입증할 수 있었다. 문제는 피의자가 부인하는 내용을 뒤집을 단서를 찾을 시간이 부족했다. 문득 압수한 여권에 난민인정신청비자(G-1-5)가 찍혀 있는 걸 발견했다. 난민 자격을 인정받기 위한 심사가 출입국관리사무소에서 진행 중이었다. 난민으로 인정받으면 최종적으로 난민비자(G-1)로 국내에 체류할 수 있게 된다. 결정적으로 피의자를 압박하는 데 사용할 수 있었다. 출입국관리사무소에 전화를 걸어 진행하고 있는 심사를 모두 중단해달라고 요청했다.

이때 피의자가 심하게 흔들렸다. 여기까지는 준비를 못했는지 수갑을 찬 채 갑자기 화장실로 뛰어가더니 구토를 하기 시작했다. 제니퍼와 나는 잠시 호흡을 가다듬고 분명 자백할 거라고 기대했다. 잠시 조사를 중단하고 마음을 정리할 시간을 주었다. 이번에는 자백의 범위가 어디까지일지 내심 기대했다. 뒤틀렸던 속이 안정되었는지 망설이던 피의자는 두렵다는 말부터 꺼냈다. 분명 자백과 부인 사이에서 심하게 갈등하고 있는 것 같았다.

말문을 연 피의자는 카메룬은 현재 심한 내전을 겪고 있다고 했다. 특히 프랑스권 카메룬인과 영어권 카메룬인으로 분리가 되면서 무정부주의 상태가 되었으며 돈만 있으면 총을 구입할 수 있기 때문에 서로 총을 겨눠 살해하는 등 치안이 굉장히 불안하다고 했다. 이렇게 목숨 걸고 한국에 입국하고 나서야 삶의 안정을 찾았다고 했다. 하지만 여기서 알고 지내던 친구 중 한 명이 조직원들에게 통장을 건네주었다가 해외에서 들어온 돈을 찾으라는 지시를 받았지만 인출을 거부했다고 한다. 그 뒤 다시 카메룬으로 돌아갔지만 얼마 있다가 총을 맞아 살해를 당했다고 했다. 자백이 아닌 필사적인 거짓말을 하고 있었다. 카메룬으로 추방될 가능성도 고려해야 하기 때문에 이번에도 쉽게 자백하지 않을 것 같았다. 분명 미국에서 송금된 26만 달러보다 더 큰 보상이 기다리고 있는 듯했다. 앞선 피의자들과 달리 또 다른 돌파구로 희생양을 만들어 내고 있었다. 이런 종류의 거짓말은 사실과 허구를 섞어서 희생양을 만들어 낸다. 여기서 제일 중요한 부분은 담당자가 확인 불가능한 거짓말을 섞어야만 한다. 당연히 살해당한 친구와 지시를 한 조직원들은 이미 해외로 출국했기 때문에 사실 여부는 확인이 불가능하다.

구속영장 청구 시간이 임박해 더 이상 조사는 불가능했다. 이번에는 불구속으로 석방하고 디지털 포렌식 결과에 따라 증거를 충분히 확보해 사전 구속영장을 청구하고 싶었다. 하지만 구속 사건이 아니면 사건 담당자가 1년을 수사했든 10년을 수사했든 하찮은 사건으로 취급된다. 보고 건수가 줄어들 걸 걱정하는 팀장이 마음에 걸리고 피의자 1명 잡겠다고 모든 팀원이 유난 떨고 내려갔다가 '불구속할 거면 그냥 전화로 불러서 조사하지 뭐 하러 그랬냐'는 다른 팀원들의 목소리가 들려오는 듯 했다. 어쩔 수 없이 구속영장을 청구해야만 했다. 하지만 영장은 기각되었다.

● 18,442개의 이스터 에그

예상은 했지만 막상 영장이 기각되니 계획에 차질이 생겼다. 석방 당일 긴급하게 분석 의뢰를 했던 디지털 포렌식팀으로부터 결과를 회신 받았다. 압수한 스마트폰 별로 분류된 데이터 중 왓츠앱(whatsapp) 메신저에 보관되어 있던 방대한 용량의 음성 파일이 눈에 들어왔다. 총 18,442개의 음성 파일이었다. 체포 후 3일 만에 사무실을 나가는 피의자에게 이제부터 본격적으로 수사를 시작한다는 말밖에 할 수 있는 게 없었지만 녹음되어 있던 음성 파일을 들려줬다. 무슨 언어인지 도저히 알아들을 수가 없어 어느 나라 말인지 물었다. 카메룬 림베(limbe) 지역에서 사용하는 피진(pidgin)이라는 지역 토착어라고 했다. 추출한 음성 파일이 유일한 단서가 될 것 같았다. 문제는 영어도 불어도 아닌 카메룬 토착어를 어떤 식으로 통역과 번역을 해야 할지 도저히 돌파구가 보이지 않았다. 뿐만 아니라 보고 건수가 줄어든 팀장의 걱정보다 피의자가 한 명씩 체포될 때마다 관련된 공범들이 도주해 버리는 것이 더 큰 걱정이었다. 석방 후 시간은 흐르고 지휘부의 관심은 일찌감치 사라진 후였지만 쳐내기 식으로 사건을 마무리하고 싶지 않았다. 공식 프랑스어 통역인들에게 음성 파일을 들려주고 해석이 가능한지 기대를 걸었지만 모두 처음 들어보는 언어라며 불가능하다는 답변이 돌아왔다. 2천 개가 넘는 언어가 사용되고 있는 아프리카 토착어를 어떻게 번역을 해야 할지 머릿속은 온통 아프리카 지도로 꽉 차 있었다.

　작은 아이디어라도 얻고 싶어 하루는 사무실 옆 공용 휴게실에서 디지털 포렌식팀 직원과 얘기를 나누다 한국외국어대학교를 찾아가보라는 얘기가 나왔다. 순간 머리가 맑아졌다. 한국외국어대학교라면 도움을 받을 수 있을 것 같았다. 바로 학교 측에 협조를 요청했고, 2주 만에 회신이 왔다. 피의자와 같은 지역 출신은 아니었지만 카메룬 출신에 피진(pidgin) 언어 해석이 가능한 유학생을 찾을 수 있었다. 아프리카어는 같은 국가의 언어라 하더라도 지역마다 부족들이 사용하는 토착어가 있기 때문에 자세한 확인이 필요할 거라는 한국외대 측의 사전 설명으로 먼저 통역인과 면담을 했다. 사무실 문을 열고 찾아온 카메룬 출신 유학생은 제니퍼를 처음 봤을 때처럼 선한 인상을 가지고 있었고 한국 음식을 잘 먹는다며 자신을 소개했다. 가정환경조사부터 2시간이 넘도록 개인적인 질문을 하면서 함께 일할 수 있겠다는 확신이 들어 사건에 대한 아무런 정보 없이 음성 파일을 재생했다. 2주가량 선별 작업한 파일에서 비교적 분량이 긴 음성 파일이었다. 수십 번 들어봤지만 언어에 음률이 있는 것 같았고 마치 노래처럼 들려 하늘에 비를 내려달라고 기우제를 지내면서 외우는 주술 언어처럼 들렸다. 음성 파일을 듣고 있던 통역인은 심각한 표정을 지으며 고개를 끄덕였다. 그리고 완벽하게 알아듣지는 못했지만 앞뒤 문맥으로 이해하지 못한 부분은 해석을 할 수 있겠다고 했다.

　카메룬 토착어로는 피진(pidgin), 부비아(bubia), 바퀘레(baqwere)가 있는데 음성 파일의 주인공은 피진 영어(Cameroonian Pidgin English)와 바퀘레(baqwere) 언어를 섞어서 말하고 있다고 했다. 카메룬과 나이지리아는 서로 인접해 있는데 두 나라 국경에 근접해 있는 부에아(Buéa) 지역에서 많이 사용하는 언어이긴 하지만 해석할 수 있다고 했다. 비밀 서약서를 작성하도록 하고 음성 파일을 건네주었다. 3개월간 18,442개의 음성 파일 중 필수 자료를 분류해 카메룬 유학생에게 넘겨주면 토착어를 영어로 번역하고 나는 다시 그 파일을 한글로 번역해 수사보고서로 만들었다. 그리고 번역한 서류가 누적되면 제니퍼와 카메룬 유학생을 동시에 불러 진술조서로 작성해 음성 파일만으로 피의자의 입국 전부터 입국 후 그리고 범죄가 발생한 날짜를 타임라인 형식으로 재구성했다. 왓츠앱(whatsapp)에서 추출한 메시지 내용과 음성 파일은 특히 미국에서 돈이 송금되기 직전과 직후에 집중적으로 많이 발견되었다. 유학생은 번역 중 특이한 파일을 발견했다며 주의 깊게 들어보라고 했다. 물론 나는 알아들을 수 없는 이 토착어 파일을 영어로 이렇게 번역했다.

우리가 사용하는 언어는 카메룬 피진(Pidgin) 영어이다. 그들은 우리가 하는 말을 이해할 수 없다. 우리가 사용하는 영어 단어는 어렵고 복잡하다.

혼자서 들을 때는 아무것도 들리지 않았는데 토착어 음성 파일 중 정확하게 '피진'으로 발음하는 게 들렸다. 그리고 카메룬은 프랑스의 지배를 받았기 때문에 불어도 구사하고 있었다. 태생적으로 카메룬 토착어를 구사하면서 조기 교육으로 영어와 불어를 배웠고 게다가 한국에 거주하면서 한국어까지 이해하는 '언어'라는 아주 강력한 무기를 가지고 있었다. 유학생에게 사건에 대한 아무런 정보를 준 적이 없지만 전체적으로 범죄와 관련된 내용이라고 설명했다. 특히 한국에 돈이 송금된 후 인출하기 위해서 여러 가지로 시도해 보았지만 성공할 수 없었다며 누군가에게 책임을 묻는 듯한 내용도 많았다고 했다. 그리고 이번 비즈니스가 성공했다면 80%를 받을 수 있었는데 받지 못했다는 내용도 있다고 했다. 피의자는 미국에서 돈이 송금되면 인출하는 데 필요한 단순 통장 명의자인 엔지니어로서의 역할 그 이상이었다. 다른 공범에게 통장을 제공하도록 지시하고 송금된 금액을 인출까지 하도록 지시하고 있었다.

게다가 할당된 지분이 80%라는 말에서 앞서 체포되었던 공범이 자백했던 내용처럼 팀리더와 통장 제공자들의 중간 연결자(Middle Man)라는 사실을 알 수 있었다. 하지만 한 사람의 통역과 번역만으로는 불안해 2중 검증이 필요했다. 사실 이번 사건을 끌고 가는 데 통역인 제니퍼의 역할이 매우 컸다. 제니퍼는 모든 네트워킹을 동원에 동두천에 거주하는 한국인으로 귀화한 카메룬 국적과 양계장에서 일하는 나이지리아 국적의 회사원 2명을 섭외했다. 이들이 번역한 내용은 유학생이 번역한 것과 동일했다.

이 음성 파일은 사건 속에 숨은 범죄사실을 결정적으로 풀어낼 수 있는 이스터 에그(Easter Egg)가 되었다.

● **피의자 8호 법정으로**

이번 사건의 중요한 제보자 존 도(John Doe)를 찾았다. 제보자는 사건과 관련된 모든 사람이 '자신의 통장을 다른 누군가가 사용한 것'이라며 부인할 거라고 했다. 한국에서 통장을 모집하고 관리하는 중간 연결자(Middle Man)가 이메일 해킹을 시도하는 해킹팀에 통장 명의자들의 정보를 미리 넘겨주기 때문에 해외 송금이 가능하다고 했다. 그리고 통장 명의자들이 경찰에 붙잡히면 중간 연결자와 팀 리더에 대해 모른다고 진술해야 한다고 교육을 받았기 때문에 자백을 받을 수 없을 거라고 했다.

제보자는 라이베리아 현 대통령 조지 웨아(George Weah)에게 정권을 위임하기 전 2006년부터 2018년까지 집권했던 24대 대통령 엘렌 존슨 설리프(Ellen Johnson Sirleaf)의 아들인 로버트 설리프(Robert Sirleaf)의 개인 경호원 출신이었다. 살육과 숙청으로 정리되는 정권 교체 시기에 제보자는 목숨 걸고 한국으로 도주했다. 그리고 한 생산 공장에서 일하면서 가명으로 지내다 이번 사건 관련자들을 조사하던 중 우연히 나와 만나게 되었다. 제보자는 실명보다는 존 도(John Doe)라는 이름으로 알려져 있었다. 영미권에서 신원 미상의 남성을 존 도, 신원 미상의 여성을 제인도(Jane Doe)라고 부른다. 제보자의 진술로 이번 사건의 전체적인 윤곽을 더욱 선명하게 그릴 수 있었다. 물론 확인하기 어려운 점도 꽤 있었지만 1달 가까이 제보자를 조사하면서 피의자에 대한 방대한 사전 자료를 준비했다.

며칠이 걸릴지 알 수 없는 마지막 조사를 위해 피의자는 다니던 회사도 정리하고 몇 개월 만에 다시 출석했다. 효과적인 협공을 위해 나, 제니퍼, 카메룬 유학생과 제보자 존 도까지 함께 조사를 한다면 해볼 만하겠지만 유학생과 제보자는 신변의 안전을 위해 빠지고 이번에도 제니퍼와 함께했다.

피의자는 여전히 자신은 사건에 직접적(physically)으로 관련되지 않았다며 부인했다. 그만큼 피의자는 직접적인 가담이 인정될 만한 증거나 자료를 찾을 수 없을 것이라고 자신하고 있었다. 몇 개월간 해석한 음성 파일 중 수십 개로 추려낸 핵심 파일과 디지털 포렌식으로 복원한 왓츠앱 대화 내역 위주로 조사를 진행했다. 예상보다 길어진 조사는 2주간 이어졌다. 피의자가 주고받은 문자 내용을 누구에게 보낸 건지 무슨 이유로 보낸 건지 하나도 빠트리지 않고 확인했고 준비한 수십 개의 토착어 음성 파일도 직접 해석하도록 했다. 예상대로 2중 검증을 거친 내용과는 전혀 다르게 진술했고 매번 피의자가 진술한 내용이 거짓이라는 '진술분석' 수사보고서를 작성했다. 카메룬 토착어를 해석해낼 수 없을 것이라고 예상했겠지만 해석된 음성 파일은 이번 조사를 뒤집을 수 있는 아주 중요한 증거였다. 7차 조사까지 이어지면서 심한 갈등에 머리를 숙이고 있는 피의자에게 자백하면 도와주겠다고 제안을 했다. 양손으로 머리를 감싼 채 고개를 숙이고 있던 피의자는 어떻게 도와줄 수 있는지 반문하며 나를 쳐다봤다. 사실대로 말한다고 해서 죄의 책임이 사라지는 것도 아니고 신분을 위장해 안정적인 생활을 할 수 있는 주거지원을 해줄 수도 없었다. 하지만 도와줄 방법을 찾기 위해서는 먼저 사실을 알고 싶다고 말했다.

"이 조직을 이끄는 팀 리더는 영국, 미국, 두바이 등 전 세계에 퍼져 있는 나이지리아 사람들과 커넥션이 있습니다. 그리고 이들 커넥션은 이미 수집한 기업들의 정보와 개인 정보를 이용해 무작위로 메일을 보냅니다. 메일을 보낼 때는 사람들이 클릭해서 열어볼 수밖에 없도록 하는데 아프리카 구호단체 NGO(Non-Governmental Organization, 비정부기구)를 가장한 이메일이 가장 효과적입니다. 만약 이런 비정부기구를 가장한 첨부 파일이 있는 메일을 열어본다면 그 컴퓨터는 해킹된 겁니다. 팀 리더와 연결된 커넥션이 어떻게 컴퓨터를 해킹하는지 구체적인 방법은 모르지만 그 조직원들은 컴퓨터 전문가들입니다. NGO를 사칭해서 돈을 받든 컴퓨터를 해킹해 돈을 받든 해외로 돈을 송금하면 최종적으로 돈을 인출할 통장 명의자가 필요하지요. 팀 리더는 한국에 머무르면서 돈이 한국으로 송금되면 달러로 인출할 통장 명의자들을 만나서 설득하고 관리하는 일을 하고 있었습니다."

긴 시간의 전술이 통했다. 자백을 결정한 피의자는 전혀 다른 인물로 변해 있었다. 우리가 지목하고 있는 팀 리더가 미국과 한국에서 쫓고 있는 인물과 동일인인지 확인하기 위해 로미오의 사진을 보여줬다. 피의자는 사진 속의 남자가 나이지리아 출신의 로미오가 맞다고 했다. 한쪽 다리가 불편해 걷는 모습이 부자연스럽고 직접 KTX를 타고 돌아다니면서 각 지역 통장 관리자들을 만난다고 했다. 중간 공격자 이브(EVE)는 팀 리더 로미오가 이끄는 해킹 조직원들임이 비로소 확인되는 순간이었다. 만약 미국에서 송금한 돈이 정상적으로 처리되었다면 해커팀이 50%를 가져가고, 남은 50%에서 통장을 수집하고 관리하는 중간 연결자가 5~10%를, 나머지는 통장 명의자가 가져간다는 수익 구조도 설명했다. 하지만 피의자는 자신이 직접적으로 범행에 가담한 것이 아니라고 추방 이후의 상황까지 대비라도 하듯 마지막 반전을 노렸지만 확보한 증거들은 그의 말이 거짓임을 입증했다.

7회차 조사를 마지막으로 사전 구속 영장을 청구했다. NYPD에서 체포한 미국인 공범들 자료와 디지털 포렌식으로 확보한 음성 파일과 복원한 문자 내역은 결정적인 증거가 되었고 피의자는 8호 법정 앞에 섰다. 그리고 그날 저녁 구속 영장이 발부되었다. 검찰로 구속 송치되던 피의자는 나에게 이 모든 것을 감당할 수 없을 거라고 했다. 부정할 순 없었지만 그래도 2년 동안 사건을 수사하면서 해결을 위한 답을 찾을 수 있었다. 무엇보다 이 범죄 수법은 적어도 한국에서만큼은 완전히 노출되었다. 구속영장 발부 후 그동안 진행했던 검거보고서와 체포보고서를 번역해 미국에 보내주었다. 대배심 증언으로 시작한 사건을 7개월 동안 수사해 카메룬 국적의 피의자를 체포해 구속하면 이제 시작일 것 같다는 생각이 들었다. 중간 공격자 집단은 공격 대상이 명확했고 타깃이 정해지면 오랫동안 공격을 시도해 기업과 개인들의 이메일을 들여다보고 있었다. 공격을 시도하는 국가, 피해를 당한 기업과 개인이 속해 있는 국가, 탈취한 돈을 세탁하는 국가는 분리되어 있었다. 앞으로 이런 범죄는 바다에서 어부가 물고기를 잡을 때 작살을 던져 잡는 것처럼 타깃형 사이버 범죄 스피어 피싱(Spear Phishing)으로 분류되어야 할 것이다.

최소 3개국 이상을 경유하여 발생하는 만큼 국가별 법집행기관들의 시스템이 다르기 때문에 국가 간 공조가 더욱 단단해져야 한다. 비록 해킹 조직원들의 팀 리더는 나이지리아로 도주했지만 조직원들의 실체를 확인할 수 있었다. 2017년 3월에 시작된 이 사건은 2018년 11월이 되어서야 마무리되었다.

보안의식과 교육의 필요성

"저는 제 책상에 앉아서 누구든지 도청할 수 있습니다. 여러분과 여러분의 회계사부터 연방 재판관 혹은 심지어 대통령에 이르기까지 개인 이메일만 있다면 말입니다."

— 《스노든 게이트》(글렌 그린월드, 모던아카이브) 세기의 내부고발 중

인터넷 보안업체 스플래쉬데이터(SplashData)는 2013년도부터 8년째 가장 많이 사용되면서 가장 안전하지 못한 비밀번호는 '123456'이라고 발표[*]했다.

이제 막 수출을 시작하면서 해외 판로 개척을 준비하는 기업의 입장에서 구매 국가의 자사 제품에 대한 관심은 기업의 생존과도 직결되기 때문에 적극적으로 대응할 수밖에 없을 것이다. 그러나 기업 간에 이메일로 내용을 공유하는 경우, 특히 업무용과 개인용 이메일을 분리하지 않고 혼합해서 사용하는 경우에는 더 세심한 보안의식이 필요하

---

[*] 2020.02.18. IT world 기사 인용.(출처: https://www.itworld.co.kr/insight/144212)

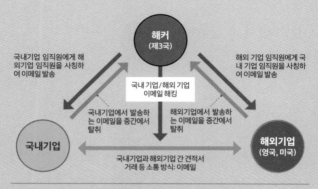

최소 3개국 이상을 경유하여 발생하는 이메일 해킹 사기

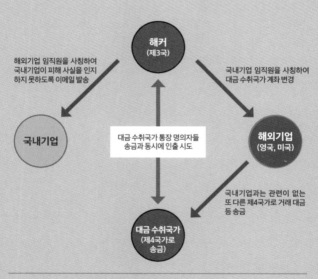

4개국 이상을 경유하여 발생 가능한 이메일 해킹 사기

다. 비밀번호 안전성을 검사해주는 시큐어리티(www.security.org) 사이트 추산 해킹하는 데 1초도 안 걸리는 비밀번호인 '123456'과 같은 비밀번호를 사용하는 보안 의식을 가지고 있는 기업 임직원이라면 구매자를 가장한 중간 공격자 이브(EVE)의 공격을 받게 될 확률이 높다. 앞서 첫 국제 공조 사건에서 보았듯 말이다.

또한 이들 집단은 갈수록 복잡하게 범죄를 꾸미기 때문에 피해는 더욱 커지고 수사 또한 점점 어려워지고 있다. 앞으로는 5개국, 6개국으로 조직이 그물망처럼 퍼져나갈지 모른다. 인정하고 싶지 않지만 피의자의 말처럼 어쩌면 이 범죄는 개별 국가의 수사력만으로는 감당할 수 없는 게 맞을지도 모르겠다.

당장의 현실적인 대안은 이런 사실을 알려주는 예방 교육을 하는 것뿐이다. 그래서 나는 국내와 해외 기업들의 무역을 중개하고 관리하는 한국무역투자진흥공사(KOTRA) 시장 정보팀을 찾아가 당장 예방 교육을 시작하자고 설득했다. 한류 열풍과 함께 'K-브랜드'에 대한 해외 바이어들의 관심이 높아지면서 해외 무역 수출을 권장하고 장려하는 온라인과 오프라인 행사 일정이 연중 잡혀 있다 보니 교육 일정을 조정하기 어려웠지만 시장 정보팀에서 적극적으로 추진해 KOTRA 본사, 경기남부지원단, 경기북부지원단, 강원지원단을 대상으로 예방 교육을 진행할 수 있었다.

"피해를 당한 기업 관계자들은 공통적으로 피해 사실을 뒤늦게 인지하는 경우가 많았고 심지어는 상대 기업을 의심하면서 스스로 원인을 찾으려고 하다 보니 피해금액 환수가 불가능해지는 경우가 많았습니다. 해외로 송금하는 무역 대금도 동결조치를 할 수 있는 골든타임이 있기 때문에 피해 사실을 인지하게 되면 그 즉시 송금한 은행에 자금 동결을 요청하는 게 제일 중요합니다. 그리고 서로 계약된 일정보다 먼저 대금 지급을 요청하거나 지급받는 계좌 변경을 요청한다면 반드시 직접 확인해야 합니다."

　4개월이라는 길지 않은 시간 중소기업 대표, 임원들, 실무자들을 대상으로 교육을 했는데, 그 효과는 나쁘지 않았다. 20여 건이 넘는 제보가 들어왔기 때문이다. 이런 결과들을 보면 교육의 필요성, 교육의 대상을 늘려가야 한다는 생각을 멈출 수가 없다.

악인은 쫓아오는 자가 없어도 도망하나
의인은 사자같이 담대하니라
The wicked man flees though no one pursues,
but the righteous are as bold as a lion.

_잠언 28장 1절

4장

생활 밀착형 사이버 범죄

마음을 노리는 범죄

경기도 최북단 3급지 시골 연천. 연천 경찰서에는 공식 사이버 범죄 수사팀이 없었다. 팀이 없으니 사무실도 없었다. 남의 사무실에 책상 하나를 놓고 그곳에서 사이버 수사 담당자로 일하게 되었다. 사이버 수사 방법을 알려주는 사수도, 의논할 동료도 없이 외로운 싸움을 해야 했다.

수사과장과 동료들은 지독할 정도로 사이버 범죄 사건에 무관심 했다. 그 무관심에 사건 서류가 누적될수록 두려움도 커졌다. 어느 날은 서류를 태워버리고 싶은 압박감도 느꼈다. 하지만 내 기준에 서는 크지 않은 사건임에도 절박한 심정으로 사무실을 찾아오는 피해자들을 보니 쉽게 포기할 수도 없었다. 인터넷을 이용한 금융 사기와 보이스 피싱과 같은 생활 밀착형 범죄가 매일 접수되는 심각한 상황도 해결해보고 싶었다. 할 수 있는 것은 발로 뛰는 것밖에 없어 무식하게 사건에 뛰어들었다. 돌아보니 그것이야말로 사건을 푸는 열쇠였다.

그러나 범죄자를 검거해도 피해 회복까지는 상당한 시간이 걸리다 보니 피해자들의 웃는 얼굴을 보는 일은 쉽지 않다. 거기다 가끔 나이가 지긋한 피해자들을 보면 어머니가 겹쳐 보였다. 이런 마음을 버려야지 하는 생각도 하지만, 때로는 이런 촌스러운 감수성이 내가 이 일을 지속할 수 있게 하는 힘이 아닌가 싶기도 하다.

공감하면 당한다

보이스 피싱 범죄

콜센터를 통째로 날려버린 사이비 형사

경기북부에는 총 13개의 경찰서가 있다.* 의정부와 고양 경찰서처럼 관할 구역이 넓고 인구수와 비례해 치안 수요가 많은 곳은 1급지로, 양주와 동두천 경찰서는 1급지에 비해 상대적으로 치안 수요가 적어 2급지로, 그리고 가평과 연천 경찰서는 3급지 경찰서로 분류된다. 3급지 경찰서에는 공식적으로 사이버 범죄 수사팀이 없다. 1명이 지능범죄수사팀 사무

---

* 2021년 11월 기준

실 한편에 앉아 사이버 범죄 업무를 담당할 뿐이다.

컴퓨터 비전공자가 사이버팀에 근무하면 '사이비 형사'라고 불린다. 그렇다. 내가 바로 그 사이비 형사다. 지능팀 사무실의 1평도 안 되는 사이버 담당자 공간에서, 온라인 게임을 하다가 부모님 '안부'를 묻는 인터넷 명예훼손 및 모욕 사건, 아이템 거래 사기 사건, 결혼식 청첩장 스미싱 등 크고 작은 사건들을 홀로 감당해야 했다.

사수도 동료도 없는 상황, 사건이 쌓여가는 상황은 피로했지만 사이버 범죄가 갈수록 늘어가는 걸 보면서 많은 생각이 들었다. 특히 스미싱(smishing)* 등의 피싱 범죄가 줄어들 기미를 보이지 않았다. 저금리 대환 대출을 가장한 기관 사칭형 보이스 피싱 범죄에서 탈취한 개인 정보로 지인과 가족을 사칭해 접근하는 메신저 피싱까지 국가비상사태라도 선언해야 할 판이다.

당직 근무 중 관내에 있는 한 초등학교에 근무하는 선생님이 보이스 피싱 피해를 당했다며 사무실로 찾아왔다. 사건을 정식으로 접수하려면 민원실에서 진정서나 고소장을 작성한 후 수사지원팀에 들러 고소 죄명에 맞는 부서로 안내를 받아야 하지만 마음이 급한 피해자들은 본관 1층 우측에 보이는

---

* SMS(단문메시지) + phishing(피싱)의 합성어

사이버팀 사무실 문을 무작정 열고 들어온다.

피해자는 1금융권 대출 이력이 많아 캐피탈 등의 2금융권에서 대출을 받았다고 한다. 2금융권에서 대출한 돈이 입금되자 곧바로 저금리 대환 대출을 권유하는 전화를 받았다고 했다. 2금융권에 비해 상대적으로 저렴한 대환 대출 이자율의 혜택을 받기 위해서는 우선 기존 대출 금액을 먼저 상환해야 한다고 안내를 받은 피해자는 막 통장에 입금된 원금을 보이스 피싱 조직의 계좌로 이체해 버렸다.

피해자는 신용등급이 하락하면서 평점이 8등급에 580점으로 책정되어 앞으로 금융거래 시 불이익을 받게 된다는 문자 때문에 그들의 말을 믿을 수밖에 없다고 했다. 거기다 햇살론, 새희망홀씨론, 바꿔드림론, 미소금융상품 등 들어보면 있을 법한 대출 상품을 제시하면서 "선생님은 직군이 좋기 때문에 빠른 시일 내에 대환 대출을 하면 신용 등급이 회복될 것"이라는 문자를 보내 신빙성을 더했다. 피해자가 의심을 거두자 그들은 심사에 필요하다며 각종 개인정보 및 급여통장, 자격득실확인서, 주민등록등본과 가족관계증명서까지 요구했다. 이미 받은 대출금을 저금리 대환 대출로 갈아타는 거라면 서류를 다시 낼 필요가 없는데, 피해자는 급한 상황 때문에 거기까지 생각을 하지 못했다. 이렇게 정보를 넘기게 되면 결국 피해자는 그들이 시키는 대로 할 수밖에 없는 상황이 된다.

피해자로부터 건네받은 휴대폰을 확인해보니 알 수 없는 승인번호 문자 내역이 많았다. 모두 사금융 회사가 발송한 추가 대출 승인번호 문자였다. 조직원들이 저금리 대환 대출에 필요한 승인문자라고 속여 추가 대출을 받은 것이었다. 이렇게 되면 처음 캐피탈에서 받은 대출금액에 추가로 사금융에서 받은 대출금까지 매달 갚아야 하는 원금만 따져도 일반 회사원 월급으로는 상환이 불가능해 보였다. 조사하는 내내 눈물을 흘리는 피해자를 제대로 쳐다볼 수가 없었다.

보이스 피싱은 피해자가 전화로 직접 지급정지를 할 수 있지만, 돈이 이미 모두 빠져 나갔다는 것을 확인하고는 그마저도 하지 않았다고 했다. 나는 급히 공문을 만들어 은행에 지급정지 요청을 하고 다른 사건을 뒤로 한 채 이 사건에 매달렸다. 이제 피해자가 기댈 곳은 경찰밖에 없었다. 피해금을 회수하려면 주범과 일당을 모두 잡아들여 돈을 확보해야 한다. 유일한 단서는 저금리 대환 대출을 권유한 캐피탈 회사 심사팀장이므로 먼저 그를 찾기로 했다.

문제는 체포영장이었다. 심사팀장은 일단 대출금액을 입금해 주었으니 사기죄로 체포영장을 신청할 수가 없었다. 체포영장 신청이 안 되면 압수수색검증영장이라도 들고 가면 좋은데, 범죄사실이 딱 나오지 않아 그냥 밀고 들어가는 수밖에 없었다. 경제팀 김 형사와 함께 서울 강서구에 있는 심사팀 사무실로 향했다. 2시간 정도 달려 지하 주차장에 차를 세우고 들어가기 전, 밖에서 사무실이 입점된 층수를 확인해보니 그곳만 블라인드가 내려져 있었다. 내부 상황이 어떤지 예상을 할 수가 없어 수사에 필요한 서류만 임의 제출받기로 하고 올라갔다. 사무실 문을 여는 순간 와글와글 시끄러운 소리에 몸이 얼어 버렸다. 내부에는 30여 명의 여성이 각각 전화기를 붙잡고 통화하는 중이었고 사무실 한편에는 분리된 사무실이 있었다.

"연천경찰서 사이버팀 형사입니다. 모두들 전화기 내려놓고 가만히 있으세요!"

붙잡고 있던 전화통 너머로 또 다른 피해를 당하고 있을 누군가에게 다 들릴 만큼 크게 소리를 질렀다. 그리고 분리된 사무실로 들어갔다. 등에는 땀이 나고 따라온 김 형사도 긴장했는지 말이 없었다. 여기서 사람 수에 밀려 주눅이 들면 현장에서 주도권을 빼앗겨 버린다. 수갑도 없어 가진 거라곤 경찰 신분증뿐이었다.

심사팀장으로 보이는 사람은 이 혼란을 틈타 어디론가 팩스를 보내면서 파쇄기에 서류를 밀어 넣었다. 우리가 그 서류를 확인하는 중 30여 명의 직원이 한꺼번에 빠져나갔다. 들어올 때 직원들의 책상에 개인 가방만 덜렁 올려져 있는 게 이상했는데, 이럴 때를 대비한 듯했다. 쉽게 도망가기 위해서.

너무 순식간에 일어난 일이고, 우리 인원이 둘뿐이라 그냥 보고만 있을 수밖에 없었다. 형사들은 현장에서 즉답을 찾기가 어려우면 임의동행을 하거나 임의제출이라는 카드를 내민다. 하지만 동의하지 않으면 소용이 없다. 시간이 오래 걸려도 철저히 준비를 하고 수사팀 전원을 투입해야 했지만 마음이 앞서 일을 그르친 셈이다. 증거의 노다지가 될 수 있는 콜센터 사무실을 순식간에 해체시켜 버렸으니 피해금도 못 찾고 보이스 피싱 조직원들의 연결점을 찾지도 못했다. 이제 할 수 있는 거라곤 피해자의 돈이 이체된 대포통장 명의자들을 조사해 입건하는 수밖에 없었다. 물론 통장 명의자들 또한 조직원들에게 속은 것이지만, 사건을 마무리하기 위해 할 수 있는 거라곤 이것밖에 없었다. 이렇게 하면 조금이라도 돈을 돌려받을 수 있을 기회는 있지만, 시간이 너무 많이 걸리고 소송비용도 마련해야 한다. 나는 피해자를 어떻게 봐야 할지 겁이 났다.

이 사건을 해결하기 위해서는 먼저 피해자가 최초 송금한 계좌부터 최종 환전되는 계좌 거래내역까지 분석한 내용을 근거로 보이스 피싱 조직원들과 연결된 공범들의 체포장과 압수수색영장을 들고 팀원들을 투입시켜야만 했다. 그리고 분명 해외에 본거지를 두고 있는 총책들과의 연결점을 찾기 위해서라도 중간 공범들을 체포했어야만 했다. 하지만 순식간에 사무실을 해체시켜 버렸으니 남은 거라곤 환전되는 계좌 명의자들 조사밖에 없었다. 그래서 수사에도 골든타임이라는 게 존재하는 것이다.

사이버 공격 기법이 더해진 보이스 피싱

2주마다 돌아오는 주말 당직 날, 112 상황실로부터 보이스 피싱 신고가 접수되어 사건 인계를 받았다. 원래 주말에 접수된 사건은 출동한 지구대나 파출소 직원이 지급 정지와 같은 초동 조치를 하고 발생 보고서를 작성한 후, 월요일에 인계를 받는다. 하지만 마침 사이버 근무자가 당직 중이었으니 곧바로 인계를 한 것이다.

피해 금액은 무려 7,800만 원이었다. 출동 나간 지구대 직원으로부터 피해 금액이 크다는 무전을 듣고 곧바로 현장으로 향했다. 피해자는 의사였다. 직업만 보면 저금리 대환 대출이 필요한 상황이 아닐 확률이 높고, 또 주말에 보이스 피싱 피해를 당한 게 좀 이상했다.

피해자는 서울지방경찰청 금융범죄수사과로부터 계좌가 범죄에 연루되었다는 전화를 받았다고 했다. 금융범죄수사과는 실제로 있는 부서지만 피해자에게 전화를 건 직원은 서울

지방청에 근무하지 않았고 동명이인도 없었다.

　피의자는 금융감독원과 합동으로 대포통장 사건을 수사 중이라며 고소를 당했다는 시나리오로 의사를 낚는 데 성공했다. 피해자는 조직원들이 전송한 아이피(IP) 주소의 링크를 눌러서 금융감독원 전용 앱을 설치한 후, 위조된 서울지방경찰청 사이트에 접속했다. 안드로이드 운영체제가 탑재된 스마트폰은 이렇게 누군가 특정 아이피 주소를 경유해 악성 코드가 포함된 앱을 설치하도록 하면 그 즉시 앱이 설치되고 동시에 스마트폰 내에서 모든 권한을 가져갈 수 있다. 사이트에 접속하면 주민번호와 이름, 휴대전화번호와 같은 개인정보를 입력해야만 고소당한 사건 번호와 내용을 볼 수 있게 되어 있었다. 내가 사람들에게 알려주고 싶은 게 이런 점이다. 경찰과 검찰은 절대 주민번호와 같은 개인 정보를 입력해 고소 여부를 확인하는 사이트를 운영하지 않는다!

　(물론 위조된) 사건 번호를 눈으로 확인한 피해자는 겁이 났고, 금융감독원과 합동으로 조치를 하기 위해서는 보안등록이 필요하다는 그들의 말에 넘어갔다. 피해자는 인터넷 뱅킹에 필요한 보안코드번호 35자리와 계좌이체 비밀번호 그리고 인터넷 뱅킹 아이디와 비밀번호를 모두 입력했다. 거기다 신분증과 운전면허증을 찍어서 보내주었다. 그들은 이메일 해킹 위험이 있으니 보안 작업을 하는 동안 휴대전화를 꺼놓으라고

　　　　　　　　　　　　　　　　　　　4장 | 생활 밀착형 사이버 범죄

했다. 몇 시간 뒤, 피해자가 휴대전화를 켰을 때는 이미 통장에서 모든 돈이 인출된 후였다.

휴대폰 전원은 12시 21분 10초에 꺼졌고 21분 13초에 첫 번째 대포통장으로 600만 원이 이체되었다. 그것을 시작으로 총 13번에 걸쳐 7,800만 원이 이체된 거였다. 돈을 이체하는 데 사용한 통장의 은행과 명의자가 모두 달랐다. 13명의 명의자가 개설한 13개의 은행 계좌는 그나마 피해자의 신속한 지급 정지 요청으로 정지된 상태였다. 하지만 모두 1차 세탁 계좌일 뿐 이미 돈은 모두 다른 계좌로 2~3번 재이체 된 후였다. 조직원들은 들어올 조치를 미리 예상한 것이다.

13개의 대포 통장을 거쳐가는 동안 완전히 빠져 나가지 못한 돈도 있을 것 같아 혹여나 묶여 있는 돈을 환수하는 데 집중했다. 그러기 위해 전국에 흩어져 있는 13명의 명의자들을 불러 조사했다. 남편과 이혼 후 편의점에서 근무하다 대출 문자를 받고 통장을 넘겨준 싱글맘부터 사업 실패 후 전통 시장에서 조그만 생선 가게를 운영하다 대출 문자를 받고 통장을 넘겨준 자영업자들이 대부분이었다. 조직원들이 발송한 저금리 대환 대출 문자는 국가로부터 지원을 받을 수 없는 이들이 기댈 수 있는 유일한 희망이었다.

나는 우선 7,800만 원의 흐름을 정리했다. 13개의 계좌로 600만 원씩 쪼개 이체한 후, 다시 다른 명의로 N차 이체된 금액을 정리하고 전국의 명의자들을 조사하는 데만 2개월이 걸렸다. 그나마 명의자 중 한 명은 대출에 필요하다며 통장을 넘겨줬지만, 600만 원이 이체되는 순간 뭔가 잘못되었다는 걸 직감하고 곧바로 은행에 전화를 걸었다. 그러나 그 사이 조직원들이 100만 원을 다른 계좌로 재 이체한 뒤라 500만 원만 확보할 수 있었다. 즉 7,800만 원에서 500만 원만 돌려받을 수 있었다는 말이다.

통장 명의자들을 조사하고 남은 피해금액을 환수하는 동안 4개월이 흘렀다. 사건 담당자가 할 수 있는 조치가 겨우 이것뿐이라 괴로웠지만, 피해자에게 있는 그대로 상황을 전했다. 최종 세탁 계좌에서 7,300만 원을 현금으로 인출한 공범들의 CCTV 영상은 확보했지만, 이들의 동선을 추적하고 다시 인적사항을 특정하기 위해서는 일론 머스크가 우주선을 띄워 우주여행을 하고 오는 것보다 더 걸릴지도 모른다고 말이다. 아마 피해자는 법과 사법기관의 무력함이나 무용함을 느꼈을 것이다. 늘 이런 상황을 맞닥뜨리면 죄인이 된 심정이다. 이런 사기는 당하지 않는 것이 최선이기 때문에 무엇보다 예방 교육이 시급하다.

Case 2 — 20대 예비 토사장의 무너진 꿈

조직에서 버려진 대포통장 전달책

지능팀으로부터 지원 요청이 들어왔다. 어느 퀵 기사가 자신에게 들어온 배달물이 대포통장인 것 같다고 신고했다는 거다. 이런 건은 신속하게 움직이는 게 관건이다.

모두 하던 일을 멈추고 접선 장소인 일산으로 향했다. 수령자는 퀵으로 온다는 걸 알고 있기 때문에 퀵 도착이 늦어지면 눈치를 채고 수령하지 않고 잠적할 수 있어 목적지 근처에서 퀵 기사와 접선하기로 했다. 연천에서 1시간이 족히 넘는 거리였지만 속력을 내 40분 만에 접선할 수 있었다. 중간에 신호위반을 몇 번 한 것 같기는 한데, 혹시라도 신호위반 스티커가 발부되면 운전자가 협조 공문과 수사보고서를 첨부해 교통계에 제출하면 된다.

　우리와 접선하기 직전, 퀵 기사는 수령자로부터 독촉 전화를 받았고 혹시나 눈치를 챌까 봐 막 도착했다고 둘러댔다고 했다. 택배 박스를 흔들어보니 거의 빈 박스였고, 작은 물체가 박스에 달그락 부딪히는 소리만 들렸다. 소리상으로는 플라스틱 카드가 3~4장 정도 들어있는 듯했다. 조를 나눠 퀵 기사가 수령자에게 박스를 넘겨줄 때를 기다렸다 체포하기로 사인을 맞췄다. 급하게 나올 때는 몰랐는데, 모두 검은색 외근 근무복을 입고 있었다. 온 동네에 형사라고 광고하는 듯했다. 그나마 저녁이고 주택가 골목이라 괜찮을 것 같았다.

　드디어 수령자가 나타났다. 20대 초반으로 보이는 남자는 슬리퍼를 신은 채 퀵 기사에게 다가와 물건을 받았다. 우리는 조용히 그의 뒤를 밟았다. 그가 오피스텔 입구에 멈춰 섰을 때 양쪽에서 조용히 오른팔과 왼팔을 감쌌다. 그리고 함께 집으로 올라갔다. 이런 놈들은 대체로 체포되면 그냥 배달 심부름만 했다고 변명하기 때문에 반항도 하지 않고, 도망치지도 않는다.

　오피스텔에 들어가자마자 전달 받은 박스를 열어보도록 했다. 박스 안에는 3개의 체크카드와 각 카드별로 비밀번호가 적힌 메모지가 붙어 있었다. 그리고 5만 원짜리 지폐 5장도 함께 들어 있었다. 배달료였다. 집안을 수색하던 중 책상에 켜져 있던 듀얼 모니터 한편에 카카오톡 대화 창이 눈에 들어왔다. 어디서 수집했는지 모르는 이메일 주소, 휴대전화 번호, 회원들의 아이디, 비밀번호 등을 파일 형태로 누군가와 계속 교환하고 있었다. 회원들의 아이디와 비밀번호를 보니 인터넷 도박사이트 회원 명단이었다.

그는 도박 사이트 총판을 받아서 운영하기 위해 대포통장 전달 일부터 하고 있다고 했다. 언제부터인가 20대 젊은 친구들에게 토사장이 직업 순위에 올라와 있었다는 얘기를 들은 적이 있었는데 사실이었다. 토사장을 준비하기 전에 대포통장 전달 같은 단순한 일을 하는 거라며 마치 취업준비생이 인턴 경험을 하는 것처럼 이야기했다.

카드 수령 후, 다음 목적지는 잠실에 있는 주상 복합 건물 1층 편의점이었다. 내일 아침 편의점에 두면 다음 접선책이 수거할 예정이라고 했다. 당장 통장과 휴대전화를 압수하고 긴급 체포해 구속영장을 청구하게 되면 윗 조직원들까지 치고 올라갈 수 없어 기다렸다가 접선책을 긴급체포하기로 했다.

다음날 아침 일찍 승합차 1대와 개인차량 1대로 나눠 잠실로 향했다. 통장 수거책을 잡게 되면 보이스 피싱 조직의 몸통과 연결될 가능성도 있다. 도착한 목적지는 생각보다 유동인구가 많고 상가와 주택가가 밀집된 지역이었다. 편의점 뒤로는 하천을 건널 수 있는 다리가 있고 주변에는 각종 음식점이 모여 있었다. 게다가 앞으로는 편도 2차로 왕복 4차로 도로가 있는 완전 도심 한복판이었다.

편의점 맞은 편 갓길에 잠복 차량을 주차하고 뒤편 주차장에는 체포 후 사무실로 호송할 승합차를 세운 뒤 업주의 협조를 받아 잠복을 시작했다. 하지만 택배 상자를 주시하면서 접선책이 나타나기를 기다린 지 2시간이 지나도 나타나지 않았다. 물건 수령 장소를 바꾼다는 연락도 오지 않는 것을 보니 이 전달책을 버린 게 분명했다. 토사장을 꿈꾸던 20대 전달책은 조직원들로부터 버리는 카드가 된 것이다. 예상했던 시나리오라 놀라지는 않았지만, 몸통을 잡을 수 없어 아쉬웠다. 하는 수 없이 먼저 체포된 전달책만 전자금융거래법위반과 사기의 공범으로 입건해 사건 처리하는 걸로 마무리했다.

글로벌 사기꾼의 달콤한 속삭임

로맨스 스캠

한 통의 전화를 받았다. 50대 중년 여성의 목소리 같았다.

"마포대교로 가는 중에 마지막으로 전화를 걸었어요."

여성의 목소리에 등에서 식은땀이 주르륵 흘렀다. 이 말을 전화로 하기까지 수십 번 고민을 했을 것이 분명하다. 이런 전화는 경찰 생활을 오래 했음에도 받을 때마다 너무 힘겹다. 술김에 랜덤 채팅에 접속 후 나체로 화상 통화를 하다 몸캠피싱을 당해 유포 영상을 당장 막아주지 않으면 자살하겠다며 떼를 쓰는 50대 남성의 전화와는 분명 다른 무게다.

우선 나는 여성에게 사무실로만 오면 무슨 피해를 당했든 도와주겠다고 말했다. 그러나 여성은 이제 애들도 독립했으니 죽어도 괜찮을 것 같다고, 고층 빌딩만 보이면 올라가고 싶다는 말을 끝으로 전화를 끊었다. 다시 전화를 걸어 받지 않으면 112 신고로 자살 시도자 발견 요청을 할 생각이었다. 자살 시도처럼 긴박한 상황에서는 휴대폰이 꺼져 있더라도 강제로 위치 정보를 확인할 수 있고 정확도도 높기 때문에 마음이 급해졌다.

다행히 여성은 내 전화는 받았다. 남편이나 가족 중 함께 사무실로 올 수 있으면 당장 와달라고 했지만 가족은 절대 알면 안 된다고 했다. 통화의 분위기와 피해자의 반응으로 보아, 랜덤 채팅 등으로 이성을 만나려고 했거나 로맨스 스캠 피해를 당한 것 같았다. 여성은 지인과 함께 사무실로 오겠다고 했다.

영양사로 근무하고 있다는 피해자는 예상대로 50대 여성이었다. 계좌 거래 내역서를 확인해보니 피해 금액이 1억 2천만 원이나 되었다. 그리고 대부분이 해외 송금 내역이었다.

피해자가 돈을 보낸 상대는 '커티스 스카파로티(Curtis Scaparrotti)'라는 퇴직을 앞둔 미군 장교였다. 피해자가 처음 커티스를 알게 된 것은 사건이 일어나기 1년 전이었다. 자신의 카카오 스토리에 커티스가 친구로 추가되어 있는 걸 발견했지만, 그다지 신경을 쓰지 않았다고 했다. 그러던 어느 날, 커티스가 쪽지를 보내왔다.

당신이 걱정할 때 나는 당신을 생각한다.

병원에서 남편을 간호하던 중이던 피해자는 그에게 다시 연락하지 말라고 매몰차게 답을 했다. 그러나 커티스는 아랑곳하지 않고 계속 쪽지를 보내왔다.

화 내지 마. 난 정말 죄송합니다. 부디 날 용서해줘. 사랑해.

구글 번역기로 돌린 듯 어색한 쪽지들을 계속 받자 피해자는 조금씩 마음이 열렸다고 한다. 피해자는 이후 커티스와 카카오톡 친구를 맺고, 사업 얘기까지 나누게 되었다. 커티스는 자신이 곧 퇴직을 앞두고 있는데 한국에서 함께 중고차 사업을 하면 돈을 많이 벌 수 있을 거라고 제안했다. 피해자는 긴 간병으로 경제사정이 좋지 않았기에, 가정을 다시 일으킬 수 있을 거라는 희망을 갖고 그의 제안을 받아들였다. 커티스는 중고차 사업을 위해 필요한 투자금을 보내주면, 사업자 등록증과 자신의 퇴직금 40억을 상자에 담아 인천 공항으로 보내겠다고 했다. 아마 이 글을 읽는 분들은 여기서 벌써 이상함을 눈치 채겠지만, 피해자는 상황에 몰입한 탓에 커티스의 말을 다 믿었다. 그렇게 3개월간 1억 2천만 원을 커티스에게 송금했다. 그 돈은 지인과 은행에서 빌린 돈이었다.

커티스는 생각보다 잔인했다. 국제물류 배송회사를 가장해 피해자에게 카카오톡 친구 추가를 요청했다.

netfeetshipping: We give safe and comfortable delivery(넷핏배송: 저희 회사는 안전하고 편안한 배송을 약속합니다.)

국제택배를 받기 위해서는 수취인의 여권이 필요하다는 말에 피해자는 여권을 촬영해 보내주었다. 중간에 가족이나 지인에게 한마디만 했더라도 사기임을 알았을 텐데 마치 불륜을 저지르는 듯해 그 누구에게도 말할 수 없었다고 했다. 그들은 연락을 두절하기 전, 40억의 퇴직금과 사업자 등록증이 담긴 박스를 발송한 '통관 서류'를 문자로 보내왔다. 피해자는 그 날조된 서류에 자신의 여권 사진과 이름이 적혀 있어 인천공항 물류센터에서 그들이 보낸 박스를 찾을 수 있을 거라 확신했다.

하지만 그곳에서 피해자가 받을 수 있었던 것은 '모멸감' 뿐이었다. 공항 물류 센터에서 사기라는 걸 알고 난 후 수치스러움보다 견딜 수 없는 건 주변의 시선이었다. 무엇보다 공항 직원들의 경멸하는 듯한 눈빛은 잊을 수가 없었다고, 그게 그녀를 마포대교로 향하게 만든 원인이라고 했다.

피해자는 모든 걸 쏟아낸 후 한결 마음이 가벼워진 듯했다.

이제 피해자가 반드시 알아야만 하는 사실, 바로 커티스의 실체를 말해줄 때가 되었다.

피해자의 사진함에 보관되어 있던 커티스의 사진을 구글에 검색해보니 위키백과에 등록된 인물이었다.

커티스 마이클 스캐퍼로티(Curtis Michael Scaparrotti): 미국 육군 장성. 2013.10.3.부터 2016.4.30.까지 주한미군 사령관 및 한미연합 사령관을 역임했음.

피해자는 자신이 이런 사기를 당했다는 사실에 괴로워했고 또 부끄러워했다. 실제로 피해자와 대화를 한 사람은 나이지리아 출신이었다. 여권을 건네받을 때 문자를 주고받은 국제물류 배송회사의 접속지도 동일하게 나이지리아였다. 피해자는 당장 돌아올 대출 원금 상환일만 생각하면 다시 마포대교로 가고 싶다고 했다. 나는 원한다면 가족에게 대신 상황을 설명해주겠다고 했지만 피해자는 이 사실이 알려질까 봐 극도로 불안해했다. 가족들에게 사실을 말하기까지 시간이 필요하다고 했다. 이런 범죄사실은 피해자의 가족보다 지인들이 먼저 알게 되는 경우가 많다. 나는 사건 처리에 필요한 서류를 접수해 처음 만나게 된 과정을 자세히 수사보고서로 만들어 피해자의 주소지 관할 경찰서에서 본격적으로 수사할 수 있도록 서류를 넘겨주었다. 사건은 관할서에서 진행하겠지만 언제든 가족에게 알리고 싶은 용기가 생기면 도와주겠다고 했다.

　최근 로맨스 스캠 사건이 정말 많이 일어나고 있다. 페이스북, 인스타그램 등으로 친밀감을 쌓은 후 많은 유산을 기부한다든지 퇴직 후 국내에서 사업을 하고 싶다며 접근하는 나이지리아 국적의 사기꾼들을 '나이지리안 프린스(Nigerian Prince)'라고 부른다. 이제 이들은 국내 네이버 밴드와 카카오스토리 그리고 카카오톡으로까지 활동 영역을 넓히고 있다. 친밀한 관계와 정서적인 교감을 이용한다는 점이 '로맨스 사기'의 핵심이다. 특히 이런 종류의 사기는 일상을 힘들게 견디고 있는 시기에 걸려들 확률이 높아 더욱 안타깝다.

Case 4

끊을 수 없는 사기의 늪

다수를 상대로 하는 사기

　사이버 범죄 피의자 중에는 의외로 여성도 많다. 그리고 상습적인 경우가 대부분이다. 이번 사기 사건의 피의자도 이미 여러 번 사무실에 방문한 이력이 있었다. 피의자는 연천 토박이로, 20대에 경제적 능력이 없는 또래 남성과 결혼해 아이를 낳아 기르고 있었다. 경제적으로 어려운 환경 때문에 더욱 사기를 끊지 못하는 것 같아 안타까운 마음이 들었다.

　이번에는 다이어트 관련 사기로 사무실에 불려왔다. 피의자는 한때 90kg에 가까울 정도로 몸무게가 나간 적이 있는데, 우연히 인터넷 카페에서 여성 회원들이 다이어트 약 직거래 판매 후기를 남기는 것을 보게 되었고, 거기에서 아이디어를 얻었다. 과거 자신이 몸무게가 많이 나가던 시절의 사진과 현재의 사진을 비포&애프터로 인증하여 사기를 치기로 결심한 것이다. 피의자는 자신이 직접 체험한 효과 좋은 다이어트 약을 대량으로 보유하고 있다며 허위 글을 올려 여러 회원에게 돈을 입금 받았다. 범행에 사용된 계좌가 연천에서 개설한 계좌고, 피해자도 적고 피해 금액도 크지 않은 데다 아이를 키우고 있어 주거부정과 도주우려가 없어 불구속 상태에서 조사를 했다.

피의자는 열심히 일해 돈을 돌려주겠다는 약속을 끝으로 사무실을 나갔다. 정말이지 이번만큼은 마지막 조사이기를 바랐다. 사건 기록을 검찰로 송치하던 당일, 나는 피의자에게 전화를 걸었다. 진행 상황 및 직거래 사기 사건은 빠르면 2달 이내에 검찰에서 벌금형이 떨어질 수 있으니 그전에 미리 벌금 낼 준비를 해야 한다고 알려주려고 했다.

피의자는 마트에서 계산원으로 일하고 있었는데, 내가 전화를 걸었던 때가 마침 일하던 중이었다. 그래서인지 목소리에 힘이 들어가 있는 것 같았다. 문득 처음 사무실에 왔던 20대의 당찬 모습이 생각나 반가웠고, 내심 피의자의 마음이 바뀌지 않았을까 기대도 했다. 그러나 그런 일은 쉽게 일어나지 않았다.

사건 서류를 송치하고 나서 3개월이 지난 때였다. 이번에는 화장품 직거래 사기 사건으로 접수가 되었다. 피해자 중에는 일본 교포도 있었다. 얼마나 화가 났으면 EMS 특송으로 서류가 배달되었다. 아무래도 수갑이라도 채워야 정신을 차릴 것 같아 집으로 향했다. 하지만 전날 저녁에 급히 몸만 빠져 나갔다고 피의자의 부모가 말했다.

화장품 외에도 색종이로 접은 종이학과 종이 장미를 판매한다는 게시물을 믿고 돈을 보낸 피해자들도 있었다. 색종이로 접은 종이학과 종이 장미까지 직거래가 가능하다는 게 신기해 직접 피해자들로부터 진술서를 받아보니 기념일을 대신해 애인에게 선물하려다 사기를 당했다고 했다. 피해자 개별로 따져보면 피해금액이 크지 않았지만 이송 접수되던 피해자 수가 50명으로 늘어났다. 범행에 사용된 통장은 남편 명의였다. 이번에는 남편까지 사기에 가담한 것이다. 그러나 걱정은 되지 않았다. 범행에 본인 명의 통장과 휴대전화를 사용하는 1차원적인 피의자들은 은신하더라도 금방 찾아낼 수 있기 때문이다.

대부분 집을 두고 도주하는 피의자들은 나름 흔적을 숨기고자 노력하는데 이들 부부는 너무나 허술했다. 도주하면서 혹시 사용하던 휴대전화 요금 청구서가 계속 집으로 날아올까 봐 청구지 주소를 도주한 장소로 변경한 것이었다. 변경된 주소는 수원이었다. 피의자 검거는 '피의자 수 + 1'의 원칙을 지켜 출동해야 했지만 화가 나서 혼자 수원으로 향했다.

부부는 다세대 주택 반지하에 살고 있었다. 문을 두드리면서 피의자들의 이름을 불렀지만 아무 대답이 없었다. 그때 소리를 듣고 나온 바로 옆 세대 거주자에게 확인해보니 부부가 살긴 사는데 집에 들어오는 날이 일정하지 않다고 말했다. 일단 체포영장을 신청해야 할 것 같았다. 하지만 체포영장을 청구하기 전, 전화라도 오지 않을까 하는 희망을 가지고 2주 정도 더 기다렸다. 결국 연락이 없어 영장을 청구하려는데, 피의자가 화성 교도소에 입감 중인 사실이 확인되었다. 나는 교도소로 찾아가 수사 접견실에서 피의자를 기다렸다. 곧 수형복을 입은 피의자가 들어왔다.

이제 피의자의 사기 전과가 그녀의 나이를 추월했다. 필요한 조서만 받고 서류에 지장을 찍게 하고 곧바로 사무실로 복귀했다. 그리고 며칠 후 화성 교도소로부터 한 통의 편지를 받았다. 구속되고 나서 처음 면회를 온 사람이 부모님도 남편도 아닌 담당 형사였다는 내용이었다. 편지 마지막에는 영치금이 필요하니 어머니에게 면회를 부탁해달라고 했다.

어쩌면 피의자는 형을 마치고 나와 보이스 피싱 조직에 들어가 전화 상담을 할지도 모른다. 실제 지능팀에서 보이스 피싱 조직원을 수사하면서 여자 상담원이 이런 식으로 들어간 것을 많이 보았기에 가능성이 있는 시나리오였다.

하지만 나는 마지막 인사를 나눌 때 피의자의 눈에 후회가 가득한 것을 분명히 보았다. 진심으로 반성하고 있다는 것도 느꼈다. 지금으로서는 내 느낌이 착각이 아니기를, 그리고 형을 마치고 나올 때 교도소에서 새로운 파트너만 달고 나오지 않기를 바랄 뿐이다.

Case 5 | 당신의 잘못이 아닙니다

취업사기 사건

2018년 크리스마스를 며칠 앞 둔 어느 날, 민원실로부터 통장에 문제가 생겼다는 민원인이 방문했다는 전화를 받았다. 그날 다른 팀원들은 외근을 나간 터라 사무실에는 팀장과 나밖에 없었다. 당시는 2017년부터 시작한 이메일 해킹 사건의 조직원들 체포에 정신이 없던 때였고, 마침 수사 확대를 위해 검찰에 영장을 접수하러 나가던 참이었다. 시간을 보니 다행히 상담 후에도 충분히 시간 내에 영장을 접수할 수 있을 것 같아 민원인을 사무실로 올려보내달라고 했다.

두려움이 가득 찬 눈빛으로 한 여학생이 문을 열고 들어왔다. 대학교 2학년인 민원인은 이런 곳에 처음 온 탓인지 굉장히 주눅이 들어 있었다. 긴장을 풀라고 믹스 커피를 건넸지만 마시지는 않고 컵을 만지작거리기만 했다.

이야기를 들어보니 방학 동안 아르바이트 자리를 알아보려고 취업 사이트에 올라온 회사 몇 곳에 원서를 접수했는데 그게 문제가 된 모양이었다. 피해자는 온라인 지원 현황이 정리되어 있는 앱을 나에게 보여줬다. TV에도 광고를 많이 하는 유명한 취업 중개회사의 앱이었다.

피트니스 전단지 배포 모집, 아트박스 주5일 근무 모집, ㈜청수라는 회사까지 피의자는 총 3곳에 지원을 했고, 그중 유일하게 청수에서 연락을 받았다. 청수의 매니저라는 사람은 학생에게 자신들은 게임 아이템을 환전해주는 회사이며, 고객 관리와 댓글만 달아주면 되는 재택 알바라고 안내를 했다. 거기다 면접도 없이 매니저가 곧바로 일할 수 있는지를 물어보았고 학생은 그 제안을 받아들였다.

매니저는 사원 등록 및 급여 통장 등록을 해야 한다며 주민등록증과 본인 명의로 개설한 계좌를 사진으로 찍어 보내 달라고 요구했다. 을의 입장인 학생은 순순히 응했다. 제3자가 보기에는 정상적인 취업 방법도 아니고 근로 계약서도 작성하지 않는데 신분증과 통장을 요구하니 이상하다고 생각할 수 있지만, 상황이 급박하면 당하기 마련이다. 거기다 학생은 이 일이 거의 첫 사회 경험이었기에 더 둔감했다.

신분증과 통장 사진을 전송한 지 10분 정도 지나자 모르는 사람 이름으로 100만 원씩 10명으로부터 돈이 입금되었다. 이때 이상함을 눈치 채고 은행에 사고 계좌로 신고를 했어야 했다. 매니저는 회사가 관리하는 법인 계좌로 다시 이체를 해주면 이체한 돈의 10%를 일급으로 계산해주겠다고 했고 학생은 그것이 업무의 시작인 줄 알고 이체를 해버렸다. 여기까지 들었는데 시계를 보니 아무래도 일과 시간 내로 영장을 접수하기는 늦을 것 같아 포기하고 학생의 이야기를 더 듣기로 했다.

그런데 이체를 마쳤음에도 약속한 일급도 입금되지 않았고 매니저와도 연락이 끊어져 버린 것이다. 그리고 누군가 통장이 범죄에 사용되었다면서 은행에 신고를 해 통장도 지급 정지가 되었다. 분명 입금한 10명 중 누군가가 신고를 했을 것이다. 학생의 통장은 그저 보이스 피싱 범죄 피해자의 돈을 세탁하는 데 이용된 셈이다.

학생과의 상담 후 취업 사이트에 들어가서 (주)청수 관련 회사 정보가 남아 있는지 확인했지만 이미 구인글은 삭제된 상태였다. 브랜드 평판이 좋은 취업 중개 사이트가 대포통장을 모집하는 유령회사를 중개하리라고 생각하기는 쉽지 않다.

이체를 하고 2주가 지났을 때, 학생은 경찰서에서 전자금융거래법 위반 혐의로 조사를 받아야 한다는 출석 요구서를 받았다. 이 모든 게 처음인 학생은 당연히 무서웠을 것이다. 학생은 출석 요구서를 받고 겁이 나 의정부법원 앞에 있는 무료 법률 공단을 찾아가서 상담을 받았지만 전자금융거래법 위반과 사기 혐의로 처벌받을 수 있다는 말을 들었다고 했다. 타인에게 통장 정보를 넘겨줘 10명의 사람들로부터 돈을 송금 받는 데 사용되었으니 전자금융거래법 위반, 또 입금된 돈을 다른 계좌로 직접 이체까지 해버렸으니 사기 혐의로 입건되는 건 사실이다. 그렇다고 하더라도 통장을 넘겨주고 이체를 하게 된 이유가 취업 매니저로부터 속은 것이기 때문에 법에서도 그럴만한 사정을 고려할 터였다. 다만 앞으로 다시는 이런 범죄에는 휘말려서는 안 된다고, 그러면서 알아두어야 할 사항을 하나하나 설명했다.

우선 스마트폰에 보관하고 있는 온라인 지원 현황은 절대 지우면 안 된다. 취업 중개 사이트에 (주)청수라는 회사 구직 정보를 등록한 사람에 대해 확인해야 할 수도 있기 때문에 증거 자료로 확보해야 한다. 또 매니저란 사람과 주고받은 대화 내역도 지우면 안 된다. 왜 통장을 넘겨주고 이체를 할 수밖에 없었는지를 알 수 있는 상황이 적나라하게 나와 있기 때문에 대화 내역은 절대 지우면 안 된다. 비록 이체는 했지만 수수료는 받지 못했다는 부분도 강조하라고 했다. 조사받을 때 이런 자료를 준비해 제출하면 불기소(혐의없음)로 처리될 가능성도 있기 때문에 먼저 부모님이나 친구에게 이 사실을 알리고 도움을 받으라고 했다.

메모지에 준비해야 할 사항을 하나하나 적으면서 설명해주었다. 준비하다가 어려운 일 있으면 전화하라고 사무실 전화번호를 메모지 하단에 적어주었다. 최선을 다해 상담했고 관할 경찰서에 가서 물어보라고 미루지도 않았는데 어째서인지 상담을 마치고 나가는 여대생의 눈에는 아직 말하지 못한 뭔가가 있는 듯했다. 그런 불길한 느낌은 왜 잘 들어맞을까. 학생은 더 이상 꿈을 가질 수 없는 곳으로 떠나버렸다.

2019년 1월의 어느 날 한 50대 남자로부터 전화가 걸려왔다. 그는 전화를 걸어 나를 찾았다. 단순 민원 전화인가 했는데, 얼마 전에 상담한 학생에 대해 아는 게 있는지 묻는 게 아닌가. 방문하는 민원인은 대부분 실명을 묻지 않고 민원인으로만 상담을 끝내는 경우가 많아 이름으로는 알 수가 없었다. 그의 구체적인 설명을 듣고 나서야 학생의 얼굴이 떠올랐고 기억한다고 말했다. 그 남자는 갑자기 아무런 말도 없이 흐느끼기 시작했다.

"형사님과 상담하고 난 다음날 애가 아파트에서 뛰어내렸습니다."

전화를 건 사람은 학생의 아버지였다. 딸을 화장하고 나서 유품을 정리하다 상담할 때 적어준 메모지를 발견하고 전화를 걸었다고 했다. 가슴이 답답해 말이 나오지 않았다. 그날 사무실을 나가던 학생의 마지막 모습, 어쩐지 할 말이 남아 있는 듯했던 눈이 떠올랐다. 뭐라고 위로의 말을 하고 싶었지만 학생의 마음을 돌리지 못했던 죄책감 때문에 말이 나오지 않았다. 그렇게 예쁘고 가냘픈 목숨을 나 때문에 버린 것 같아 죄스러웠다. 분명 나에게 더 많은 얘기를 하고 싶었을 건데 무거운 마음의 짐을 함께 들어주지 못한 것 같아 괴로웠다. 사무실에서 아무리 사건에 파묻혀 지내려고 해도 좀처럼 감정을 추스를 수 없었다. 며칠 연가를 내고 출근하지 않았다.

"자책하지 마세요. 학생 잘못이 아닙니다."

이 말을 해줄걸. 이 사건 이후 누군가 전화로 나를 찾으면 극도의 불안을 느낀다.아무리 눈을 감고 그날을 생각해도 학생의 얼굴이 떠오르지 않는다.

왜 고통은 늘 피해자들의 몫일까. 안타깝지만 방법은 하나뿐이다. 당하지 않는 것. 학생의 일은 나에게 많은 변화를 주었다. 유일한 대안인 '예방'을 위해 내가 뭔가 할 수 있을 역할을 찾고 싶었다.

2019년 2월, 나는 그동안 진행하던 모든 수사를 중단했다. 그리고 사이버 범죄 예방 교육 전담 부서로 자리를 옮겼다. 더이상 이런 일로 목숨을 버리는 피해자가 나오지 않아야 한다는 생각이 머릿속을 가득 메웠다. 3급지 시골 비공식 사이버 수사팀의 '사이비 형사'는 그렇게 예방 교육에 뛰어들었다.

피해를 줄이는 최선의 방법

연천은 나에게는 첫 발령지였지만, 보통은 퇴직을 앞두고 귀농을 준비하기 위해 마지막 근무지로 선택하거나 수도권에서 징계를 받아 발령받는 유배지가 되는 곳이기도 하다. 사무실에서 날아다니는 파리 마저도 연천 파리라며 무시할 정도로 시골은 사건 사고가 없을 거라고 자신했다.

돈 때문에 가족과 친척들을 죽일 듯이 달려드는 피의자들로 가득한 경제팀을 빠져 나와 사이버팀에 지원한 이유도 만만해 보였기 때문이다. 하지만 주변 동료들의 무관심과 지식의 부재로 사건은 쌓여만 갔다. 업무처리에 속도를 낼 수 없으니 당연한 결과다. 주말에는 종로에 있는 직장인 대상 IT 학원을 다녔고 업무가 막힐 때면 인접 경찰서를 찾아가서 도움도 구했지만 이론은 업무에 도움이 되질 못했다.

천 원짜리 문화 상품권이든 수천만 원대의 대출 사기든 피해자들은 절박한 심정으로 사무실을 방문하지만 담당자는 절박한 그 심정에 동조해 수사를 할 수 없는 것이 현실이다. 순번이 매겨진 사건 순으로 처리해야만 한다. 그러나 피해자들은 자신의 사건이 후순위로 밀려나면 담당자를 압박한다. 감당하기 어려운 수준으로 사건이 적채되면 서류를 모두 불태우고 싶었다.

　　돌파구는 생활 밀착형 사건부터 해결하는 거였다.

　　전임자로부터 넘겨받은 사건과 지속적으로 접수되는 사건 중 가장 많은 비중을 차지하는 사건은 인터넷 직거래 사기였다. 판매자가 보내주는 일방적인 안전결제 사이트 링크 주소는 조작된 경우가 많아 반드시 사이버캅 어플로 진위 여부를 확인해야 하고, 범행에 사용된 전화번호와 계좌 정보를 더치트(thecheat.co.kr)에 등록해 공유하더라도 피의자들 또한 이 정보를 모니터링하면서 접근 방식을 변경한다는 걸 사건 후에 깨닫는 경우가 많다. 범인을 잡아 복수하고 싶은 마음이 큰 피해자들은 계속해서 수사 진행 상황을 궁금해한다. 나는 압수수색검증영장 청구와 같은 기초 수사 진행 상황을 피해자들에게도 공유했다. 영장을 청구하고 발부받기까지 그리고 발부받은 영장을 은행이나 기업에 집행하고 나면 회신받기까지 단체 문의를 하지 않도록 시간을 벌어두기 위한 조치이기도 했다. 일과 시간 이후 야간에는 위치가 확인된 PC방이나 모텔을 돌아다니면서 체포를 위한 작업을 병행했다. 그렇게 체포된 피의자들이 사용하는 범죄 수법을 피해자들은 사건 후에 깨닫게 되다 보니 예방에 관심을 가질 수밖에 없었다. 하지만 밀려드는 사건 앞에서 기본 업무도 아닌 예방을 챙긴다는 건 직무유기 감이었다.

사이버 사기꾼들은 잔기술에 능하다. 이런 기술은 누가 알려주지 않아도 스스로 터득하기도 하고 같은 사기꾼들끼리 계승하는 경우가 많다. 마치 리모컨이나 계산기에 사용하지 않는 부분을 이리저리 잘 활용하는 것처럼 유독 이런 잔기술을 사기에 응용한다.

　　사건을 처리하면서 하나씩 보이는 피해자가 걸어온 길에 나의 어머니가 서 있었다. 나이가 들수록 심해지는 감수성 따위는 버려야 했지만 그 사건만이 가지고 있는 스토리텔링에 쉽게 빠져 버리는 성격은 여간해서 고치기 어렵다. 수십 명으로 늘어난 피해자들과 함께 많은 날을 보냈다. 피해자들은 나보다 더 수사에 적극적이었다. 모두 외면했던 사건에서 나는 사이버 범죄의 변하지 않는 속성값 메타데이터(metadata)를 발견했다. 여기서 찾은 속성값은 예방이었다. 코로나 팬데믹으로 메신저 피싱처럼 지인과 가족을 사칭한 피싱 범죄가 폭발적으로 증가하면서 작년 대비 비교할 수 없을 정도로 사이버 범죄가 증가했다. 2018년 149,064건이었던 사이버 범죄가 2019년 180,499건, 코로나19가 팬데믹으로 접어들던 2020년에는 총 234,098건 발생했다. 그리고 전체 발생 건수 중 직거래사기·메신저피싱·로맨스 스캠과 같은 생활 밀착형 사이버 사기 범죄는 최근 6년간 평균 58.5%의 비중을 차지하고 있다(통계 출처: 경찰청). 코로나19는 사이버 범죄가 큰 폭으로 증가하는 하나의 기폭제일 뿐 매년 상향 곡선의 기울기는 둔화되지 않았다. 사건 담당자들은 범인 검거만이 최선의 역할이라고 믿고 싶지만 이제는 피해 회복까지 이어지기를 기대하고 있다. 이런 회복적 사법 정의가 요구되고 있는 상황에서 담당자들도 예방이 절실히 필요하다며 목소리를 내고 있다. 그동안 혼자서 정글과도 같은 사이버 범죄 세계를 헤쳐 나갈 수 있었던 것도 예방에 대한 확신이 있었기 때문이다. 하지만 주기적으로 터져 나오는 대형 포털 사이트와 플랫폼 회사의 개인정보 유출 사건과 하루에도 수십 번 전송되는 스팸 메일과 문자는 국민들의 무관심을 초래했다. 그리고 희생자들이 나타날 때마다 그것만 폐쇄시키고 접속을 차단하는 재발 방지책은 잘못된 처방을 내리는 참사를 불러왔다. 코로나19 이후 더욱 많은 시간을 인터넷 공간에서 소비하고 있는 사용자들은 앞서 이런 사태를 교훈 삼아 정부와 대형 기업들이 효과적인 예방책을 제시할 것이라는 집단 플라시보 효과(Placebo effect)에 취해 있지만 목격한 실상은 그렇지 않았다. 사기꾼들은 인터넷 공간에서 탐지와 모니터링을 회피하면서 플랫폼의 혁신을 이용해 자급자족하며 생명력을 이어가고 있다.

2007년 시작된 보이스 피싱 범죄는 메신저 피싱으로 진화를 거듭하면서 지인과 가족을 사칭해 문자 메시지, SNS, DM(Direct Message)으로 접근하고 있다. 특히 최근의 피싱 범죄는 신분증과 신용카드를 넘겨받아 비대면으로 휴대폰과 통장을 개설해 돈을 가로채고 팀 뷰어(Team Viewer)* 를 설치하도록 유도해 원격으로 개인정보를 탈취하는 2차 피해로 이어지고 있다.

---

* 원격으로 접속해 파일 전송이 가능한 소프트웨어로, 몸캠 피싱과 메신저 피싱 범죄 피해자들에게 설치하도록 유도한 뒤 전화번호 목록과 주소록 등을 탈취하는 데 사용되고 있다.

지하철을 타고 집으로 가던 중 딸에게 받은 문자 한 통에 500만 원의 피해를 입은 사건이 접수되었다. 딸의 휴대폰 액정이 깨져 보험금 신청에 필요한 앱을 설치해달라며 보내온 문자를 믿고 문자로 전송된 링크를 눌러 앱을 설치한 것이다. 피해자는 신분증과 신용카드를 촬영해 문자로 보냈고, 누군가 피해자의 명의로 별정 통신사에서 개통한 휴대폰 번호로 인증 문자를 받아 통장을 개설한 것이다. 피해자가 설치한 앱은 '팀 뷰어'였고 개통한 휴대폰은 KT 별정 통신사로, 신분증만 있으면 온라인으로 휴대폰과 통장 개설이 가능한 시대가 되었지만 피해자는 이런 사실을 전혀 몰랐다. 무엇보다 지하철 안에서 원격으로 자신의 휴대폰을 휘젓고 다녔던 사람이 딸을 사칭한 사기꾼이었다는 걸 알고 두려움에 떨며 울었다.

스마트폰에는 '출처를 알 수 없는 앱 설치'를 제한할 수 있는 기능이 있기 때문에 누군가 특정 앱을 설치하도록 유도하는 링크 주소를 보낸다면 절대 설치하면 안 된다. 만약 신분증이 유출되었다면 제일 먼저 온라인[*]이든 오프라인이든 빠른 시간 내에 분실신고부터 해야 한다. 유출된 신분증을 악용하더라도 즉시 분실신고를 했다면 면책 사유를 주장할 수 있다. 그다음 국내 모든 금융 기관에 개인정보가 노출되었다는 사실을 알려야 하는데 직접 은행을 방문하거나 '금융소비자정보 포

---

[*] 온라인 주민등록증 분실신고 사이트: https://www.gov.kr/main?a=AA020InfoC appViewApp&HighCtgCD=A01010&CappBizCD=13100000019
네이버 검색창에 주민등록증 분실 신고(철회) 검색 〉 정부24 사이트 접속 〉 주민등록증 재발급신청(공인인증서 필요)

털' 사이트(http://fine.fss.or.kr)에 접속해 소비자 보호〉개인정보노출 메뉴에서 신청이 가능하다. 이렇게 하면 접수된 시점 이후 실시간으로 전파 가능한* 금융기관에 정보가 공유되면서 명의도용으로 인한 금융 사기를 예방할 수 있다.

시리아와 같은 분쟁 지역에 파병된 미군을 사칭한 로맨스 스캠과 같은 범죄는 사기꾼들이 국내 피해자들을 겨냥해 카카오톡과 같은 SNS로 접속하는 경우가 많다. 시리아 파병이 끝나면 한국으로 입국해 함께 사업을 하자고 유혹하지만 막상 접속한 국가는 나이지리아와 같은 서남 아프리카 국가다. 카카오톡은 이용자 피해 방지를 위해 2012년부터 해외 가입자일 경우 국가를 식별해 알려주는 글로브 시그널 (Globe Signal) 시스템을 도입해 운영하고 있어 특히 해외에서 접속해 개인정보나 송금을 요구한다면 반드시 사기라고 생각해야 한다. 카카오톡은 인터넷 통신에 반드시 필요한 IP 주소**를 기반으로 국가별로 분류된 정보를 활용하기 때문에 접속자가 국내에 있는지 해외에 있는지 구분할 수 있다.

사이버 사기 범죄에서도 높은 비중을 차지하는 직거래 사기 범죄

---

* 실시간 전파 가능 기관 목록과 전파가 불가능한 기관 목록을 분류하고 있으며, 국내 금융권 은행(19개), 금융투자협회(40개), 생명보험사(24개), 손해보험사(14개), 카드사(8개), 저축은행자체전산망(10개), 저축은행중앙회(67개)사와 농협중앙회·수협중앙회·산림조합중앙회·신협중앙회는 실시간 전파가 가능하다.(http://pd.fss.or.kr/)

** 인터넷 통신에 필요한 전 세계 IP 주소는 국제 인터넷주소관리기구 ICANN(Internet Corporation for Assigned Named and Number)이라는 조직에 의해 관리되고 한국은 한국인터넷진흥원(KISA)에 의해 관리되고 있다.

는 거래 전 반드시 더치트·사이버캅(구글 플레이스토어·앱스토어 다운로드)으로 판매자가 등록한 휴대전화와 계좌번호를 조회해 사기 이력 여부를 확인해야 한다. 또한 판매 이력이 없음에도 고가의 물건들을 여러 개의 직거래 플랫폼에 동시에 등록하는 경우도 조심해야 한다. 특히 사기꾼들은 최종적으로 돈을 가로채는 게 목표이기 때문에 허위의 계좌를 등록하는 경우도 많다. 구매자들이 돈을 송금하기 전 계좌번호로 사기 이력 여부를 확인한다는 점을 알고 숫자 하나만 바꾸는 방식으로 계좌를 등록해 사기 이력 조회를 빠져나가는 것이다. 막상 송금하려고 하면 계좌번호가 맞지 않아 송금이 되지 않는다. 그때서야 사기꾼들은 잘못 입력한 것이라며 정상 계좌번호를 알려준다. 이때는 피해자들이 계좌를 조회하지 않는다는 점을 이용하는 것이다*. 따라서 송금하려는 찰나 계좌를 변경한다면 사기일 가능성이 높으니 변경한 계좌도 반드시 조회해 확인해야 한다.

이러한 일상생활과 밀접한 인터넷 사기 범죄 예방을 위해서는 직거래 플랫폼 기업들의 도덕적·사회적 책임의 범위도 확대되어야 한다.

"당사는 통신판매중개자일 뿐이며 통신판매의 당사자가 아닙니다. 판매 회원과 구매 회원 간의 상품 거래 정보 및 거래에 관여하지 않으며, 어떠한 의무와 책임도 부담하지 않습니다."

---

* 관련 기사: http://www.hankookilbo.com/News/Read/
   A2022022316070003235?did=NA

브랜드화된 플랫폼 기업들의 인지도에 사용자들의 등록된 게시물에 대한 신뢰도가 높아지는 경우가 많다. 앞서 취업 사기를 당했던 여대생도 인지도 높은 플랫폼에 대포통장을 모집하는 위장 취업 광고가 등록될 줄은 전혀 예상하지 못했다고 진술했다. 하지만 플랫폼이 판매자와 구매자가 만날 수 있는 장소만 제공할 뿐 그 어떤 책임도 지지 않겠다는 이런 규정으로 사용자의 신뢰를 저버린다면 랜덤채팅과 다를 바 없다. 온라인 음란물의 창구라는 오명을 벗어나지 못했던 SNS 텀블러(Tumblr)가 애플사의 앱 스토어(App Store) 시장에서 퇴출된 사례는 기업의 책임을 요구하는 아주 좋은 사례*다. 사용자들의 신뢰를 얻지 못한 기업은 반드시 고객으로부터 퇴출당하게 될 것이다.

---

*   관련 기사: http://www.ytn.co.kr/_ln/0103_201812041130063083
        http://zdnet.co.kr/view/?no=20181204164000

어느 때보다
사이버 범죄 예방이 필요한 시기

1가구 1사이버 범죄 예방 전문가가 필요한 시대가 되었다. 밴드나 커뮤니티에 가입할 줄 알고 온라인으로 물건을 주문하거나 SNS로 소식을 공유할 줄 아는 사용자가 있는 곳이라면 사이버 범죄 예방 전문가가 필요하다. 특히 개인정보 보호에 취약한 청소년들의 정보가 유출되면 아파트 도어락 비밀번호가 유출되는 건 시간문제다. 청소년들이 사용하는 온라인 계정은 대부분 부모가 사용하는 정보로 가입한 계정이기에 유출되는 순간 가족의 일상이 무너질 수 있다. 실제로 트위터에서 고가의 의류를 선착순 무료로 나눠 준다는 광고를 보고 이메일 주소와 비밀번호를 넘겨준 한 청소년은 그날 이후 부모의 클라우드 계정에 보관되어 있던 정보를 담보로 협박을 당했다. 이제는 가족 구성원 모두가 개인정보 보호에 관심을 가져야 한다. 그리고 이런 정보를 알려줄 전문가가 있어야만 한다. 전문가라고 해서 기술적으로 인터넷 공간을 탐색하는 능력을 지녀야 한다는 의미가 아니다. 유해한 정보를 걸러내고 개인정보를 지킬 수 있는 방법을 사이버 범죄에 취약한 사람들에게 인문학적으로 철학적으로 아니면 자신이 가지고 있는 상식으로 전할 수 있다면 바로 그 사람이 전문가가 될 수 있다. 그리고 앞선 사건들을 경험하면서 여러분이 예방의 필요성에 공감했다면 나는 충분히 역할을 다 했다고 생각한다. 사실 그동안 혼자서 뛰어다니며 예방 교육이 필요하다고 알렸지만 이대로 조용히 그만두기가 억울해서 책을 통해 알리기로 했다.

'사이버 범죄 예방은 교육만이 유일한 해결책인가?'

절대 그렇지 않다. 지금의 위치에서 할 수 있는 거라곤 알려주는 방법밖에 없어 예방 교육을 택한 것이지 유해 정보를 삭제·차단·폐쇄할 수 있는 기술을 가진 기업들의 참여가 더욱 절실히 필요하다. 오히려 동료들은 예방 교육의 효과에 의문을 제기하는 경우가 많았다. 이는 혼자서 모든 것을 책임지려 하다 보니 교육의 효과가 나타나지 않는 것뿐이다. 더 많은 기관과 사람들이 동참한다면 교육의 효과도 기대해볼 만하다. 그래서 2019년부터 함께할 사람들을 찾아다녔다. 우연히 예방 교육으로 만난 '사이버불법유해정보대응센터'* 분들과 청소년들의 사이버 범죄 예방 교육을 위해 몇 년째 크고 작은 도전들을 해나가고 있다. 학부모로 구성된 센터는 예방 교육의 필요성에 동참해 처음 만난 나의 파트너가 되었다. 한국도박문제관리 경기북부센터**와도 군 장병들의 사이버 범죄 예방을 위해 시험적인 프로젝트를 함께했다. 그리고 2021년 개소한 경기도디지털성범죄피해자원스톱 지원센터***와 현재 불법촬영물과 성착취물에 대한 핫라인을 구축하고 피해자 지원과 예방 교육도 함께하고 있다. 이보다 더 많은 기관과 사람들의 동참이 필요하다. 사이버 범죄 예방 교육은 절대 경찰에서 독점할 수 없고 독점해서도 안 된다. 그러니 전국에서 더욱 많은 동참의 물결이 생겼으면 한다.

처음 수사를 시작할 때만 해도 모든 게 서툴렀고 엉망이었

---

* 　사이버불법유해정보대응센터: http://cyberdelkey.org/
　함께한 프로젝트 https://blog.naver.com/cyberdelkey
** 　한국도박문제관리 경기북부센터: https://www.kcgp.or.kr/kcgplc/lc_main.
　do?lc=0300
　함께한 프로젝트 http://www.kyeonggi.com/news/articleView.
　html?idxno=2179697
*** 경기도디지털성범죄피해자원스톱 지원센터: https://gwff.kr/031cut/main.html
　함께한 프로젝트 http://www.incheonilbo.com/news/articleView.
　html?idxno=1117777
　http://www.topstarnews.net/news/articleView.html?idxno=12218931

다. 물어보거나 알려줄 교육이 절실했다.

교통사고 조사계 근무 시절 당직 근무 날 야간에 승용차가 경운기를 뒤에서 추돌하는 뺑소니 사망 사건이 접수된 적이 있다. 편도 1차로의 3번국도 한가운데 경운기는 반파된 상태였고 운전자는 튕겨나가 사망한 채 사방에 피를 흘리고 있었다. 그리고 추돌한 승용차량 운전자는 그대로 도주해 버렸다. 야간이면 통행 차량보다 고라니가 더 많이 뛰어다니는 연천 관내 도로가 견인차와 순찰차, 응급차량 불빛들로 환해졌다. 차량을 뒤지다 조수석 밑에서 운전자가 사용한 것으로 추정되는 신용카드 영수증과 페트병을 발견했다. 신용카드 영수증은 금융사에 압수수색영장을 신청하면 되고 페트병은 곧바로 감식을 하면 현출된 지문으로 인적사항을 특정할 수 있을 것 같아 어려움은 없어보였다. 하지만 사고 조사계에 근무하면서 그때까지 단 한 번도 금융사에 집행할 압수수색영장을 만들어 본 적이 없었다. 당연히 물어보지도 않았고 알려줄 멘토도 없으니 급한 마음에 지문 현출이 가장 잘되는 페트병만 믿고 국과수에 감식의뢰를 했다. 며칠 뒤 국과수로부터 페트병에서 검출한 지문으로 특정된 인적사항을 회신 받았다. 나를 포함해 같은 사고 조사계 직원들이었다. 얼마나 페트병을 주물럭거렸는지 운전자의 지문은 뭉개져서 감식이 불가능하다는 회신을 받고 그날 사유서를 작성해야만 했다. 다급히 수사과 직원으로부터 영장 신청 방법을 배워 인적사항을 특정해 서울 성북동에서 체포해 구속했지만 그때의 경험은 수사의 방향성을 잃을 때마다 큰 나침반이 되었다.

이제는 온라인 미디어 사용에 친숙한 MZ세대도 사이버 범죄를 당하고 있는 만큼, 스마트폰을 들고 있다면 누구나 사이버 범죄 취약 계층에 속한다. 이 취약 계층은 4차산업혁명이 가져온 혁신의 세상에서 모든 것이 서툴고 알고 있는 길만 가려는 경향이 있다. 바로 이런 사람들에게 유해한 정보를 걸러낼 수 있는 인사이트를 심어줄 교육이 필요하다. 영화 〈인셉션〉(Inception)의 킥(kick)과 같은 선행 학습 효과를 줄 수 있는 교육이 필요한 때이다.

형사라 함은 어디를 가든 항상 어깨가 먼저 들어가야 한다며 가오 잡기를 중시했던 수사과에서 사이버 범죄는 한없이 존재감 없는 부서였다. 지금도 전국의 사이버 범죄 수사팀에서 전임자가 사건을 두고 발령을 받아 떠나면 남은 형사들이 무작위로 배당하는 폭탄 돌리기를 하고 있다. 벌써 몇 년째 사이버 범죄 수사팀은 지원자가 없는 기피 부서가 된 지오래다. 사이버 범죄 예방에 대한 풍부한 스토리텔링을 가지고 있는 전국의 수사관들은 홍수처럼 쏟아지는 사건 앞에서 기본적인 인권마저 챙기지 못해 감히 예방 교육에 동참해달라고 호소할 수 없는 현실이다. 이제 나에게 남은 대안은 별로 없다. 여러분 스스로 사이버 범죄 예방 전문가가 되는 것이 최선이다.

오프라인 속 사기꾼들이 인터넷 공간에서 사이버 범죄자로 성장하기 위해 연구하는 것처럼 여러분도 사이버 공격에 대비한 수호천사가 되어야만 한다. 그 첫 걸음은 어렵지 않다. 작은 관심만 가지면 된다. 관심만 있다면 충분히 사이버 범죄로부터 가족을 지켜낼 수 있다.

이제 사이버 범죄 예방에 동참할 준비가 되었기를 바란다.